MEJOR NO TE LO CREAS

JORDI CRUZ

MEJOR NO
TE LO CREAS

PLAZA JANÉS

Papel certificado por el Forest Stewardship Council®

MIXTO
Papel procedente de
fuentes responsables
FSC® C117695

Penguin
Random House
Grupo Editorial

Primera edición: marzo de 2022

Printed in Spain — Impreso en España

ISBN: 978-84-01-02719-2
Depósito legal: B-19681-2021

Compuesto en Pleca Digital, S. L. U.

Impreso en Liberdúplex, S. L.
Sant Llorenç d'Hortons (Barcelona)

L027192

A Oriol y Laia
A mis padres

Índice

Prólogo

Vivir en un mundo de fantasía

—Señores, el problema es que Jordi se escapa a un mundo de fantasía cada vez que hay un problema...

Lo dijo el psicólogo, un tipo muy serio, sentado al otro lado de su despacho, mientras entrelazaba los dedos sobre su regazo. Miré a mis padres de reojo y vi un rictus de preocupación, el ceño medio fruncido, los labios tirantes, sin saber qué decir. Pobres. Yo no entendía cómo aquel especialista podía opinar aquello de mí. ¿De qué facultad había salido? Era completamente falso. No me escapaba a un mundo de fantasía cada vez que había un problema. ¿Por quién me tomaba?

Yo «vivía» en un mundo de fantasía. Todo el rato.

Me habían llevado al psicólogo por un cúmulo de circunstancias en cadena que habían preocupado a mis profesores. Para empezar, el visionado habitual de la serie de dibujos *D'Artacán y los tres mosqueperros* me había afectado mucho y, de pronto, empecé a retratar a todo el mundo como D'Artacán y sus fieles compañeros, Dogos, Amis y Pontos. Estaba «mosqueperrizando» el mundo alrededor, a todas las personas que conocía, con aquellas narices brillantes y perfectamente esféricas. Para colmo, en todos mis dibujos llovían caramelos. Sí, siempre llovían caramelos, de todas las formas, sabores y colores.

Las series infantiles que veía de pequeño conformaban mi visión del mundo. Recuerdo la depresión de caballo que me cogí con el último capítulo de *David, el Gnomo*, cuando David se despide de su zorro Swift, se va con su mujer Lisa y mueren, es decir, se convierten en árbol. Lo de transformarse en otro ser vivo era hasta bonito, pero, cuando entendí que ese era el final, casi me atraganto con el arroz que estaba comiendo en casa de mis abuelos. No me lo esperaba. Ni yo ni ningún niño que estuviera viendo la serie ese 19 de abril de 1986.

Aquello me traumatizó un buen rato, como un primer contacto con la muerte a través de los dibujos animados. Es mi primer recuerdo de tristeza absoluta.

El fin de semana siguiente empezó la serie *Los Diminutos* y se me pasó la pena.

Entonces no era como ahora, que tenemos una tremenda oferta audiovisual en televisión e internet. La elección era más sencilla: solo había los dos canales de Televisión Española. Hacer *zapping* era cambiar de uno a otro, y ya. No había mando a distancia, de modo que los niños ejercíamos esa función. «Jordi, levántate y cambia de canal». Yo pegaba un salto desde el sofá y le daba a esos números enmarcados en algo metálico. Me parecía mágico que funcionase al notar la yema de mi dedo.

Afortunadamente, no había mucho que cambiar. Existía entonces la hermosa tradición de emitir los fines de semana, después del telediario del mediodía, un capítulo de una serie infantil que los niños esperábamos con fervor, ya fuese *David, el Gnomo*, *La vuelta al mundo de Willy Fog* o *Inspector Gadget*. Recuerdo ir los domingos a comer a casa de mis abuelos, donde mi abuela Victoria preparaba un arroz del *senyoret* —ese en el que las gambas y todos los ingredientes vienen pelados y no hay que mancharse las manos—, y ser muy feliz viendo los dibujos animados y comiendo arroz. La felicidad estaba en las cosas pequeñas, y sigue estándolo, aunque muchas veces no nos demos cuenta. Tengo grabada la imagen de un niño, yo, sentado en el suelo del pequeño salón de mis abuelos viendo una tele cúbica, voluminosa y forrada de madera, típica de los años ochenta, atento, disfrutando.

La gota que colmó el vaso y que me llevó al despacho del psicólogo tuvo lugar después de las vacaciones. En el colegio, un estricto centro de curas, cuando tenía unos siete años, preguntaron dónde habíamos pasado las vacaciones.

—En Disneylandia —dije, ni corto ni perezoso.

—¿Cómo? ¿Cómo que en Disneylandia? —me preguntó la profesora.

—Sí, sí, en Disneylandia.

—Jordi, sabes que eso no es verdad.

—Sí, pero que no sea verdad no quiere decir que no sea real.

Así me iba adentrando en unas sutilezas filosóficas y fantásticas que empezaron a preocupar a mi familia, no sé si con razón o no. Yo sabía que no había estado en Disneylandia, sino en Comarruga, un lugar vacacional cerca de Tarragona donde pasábamos unas semanas y que no se parecía en nada a Disneylandia. Pero me daba igual. Y no era por mentir, sino porque la otra historia me resultaba más divertida. El caso es que pensaba que la realidad y la ficción, lo material y lo imaginario, tenían límites difusos y que, en ciertas condiciones, en especial las que se dan en la mente de un niño, podían mezclarse sin problema. Y con resultados más coloridos y resultones que la monótona rutina diaria.

Al volver a casa me esperaban mis padres, que habían recibido una llamada del colegio.

—Jordi, no hemos estado en Disneylandia. ¿Por qué vas mintiendo por ahí? ¿Te parece normal?

—¡Que no estoy mintiendo! Hemos ido a Comarruga, pero en mi cabeza yo estaba en Disneylandia.

Y así hasta que mis padres dudaron de si habíamos estado en

Disneylandia, si los confundidos eran ellos o yo. De alguna manera, había descubierto el pacto de ficción que se da en la literatura o en el cine. Pero me llevaron a aquel psicólogo que acabó por difamarme.

—Jordi, eres muy infantil —me decían.

—¿Hay algo malo en eso? —respondía yo.

Para mí, tener una parte infantil no quiere decir ser inmaduro o no disponer de las herramientas necesarias para tomar decisiones, sino que me parece una conexión con la fantasía y la creatividad en un mundo tan gris y cruel. Ahora la gente lo valora. Dicen eso de que hay que «conectar con tu niño interior», pero entonces el mundo era más rígido. Mostrar tu lado infantil era motivo de burla y debilidad. Años después, ese «niño interior» me ayudaría a conectar con millones de críos de toda España.

Yo prefería ver el mundo con un filtro más bonito, saber jugar. Veía la serie *El gran héroe americano* y me hacía la capa. Es más, bajaba a la calle con ella bajo la ropa, como si fuera un superhéroe real en misión secreta, sin que nadie lo sospechase. Era mi responsabilidad: no podía saber si en cualquier momento alguien podría necesitar mis superpoderes. Y no solo lo imaginaba; lo llevaba a cabo. Lo hacía tan bien que en un carnaval me diseñé un traje de *Los cazafantasmas* y no me dejaron participar en un concurso de disfraces porque, de tan perfecta manufactura, dedujeron que el mío me lo habían hecho mis padres. Había estado meses fabricándolo: un mono, el soldador de mi abuelo transformado en una pistola de plasma, lucecitas, logotipos y toda la historia. Reconozco que me hicieron llorar de impotencia. Fue la primera vez que me acusaron de no haber hecho algo con mis propias manos.

Mi habitación era mi mundo. Unos días era una tienda donde atendía a clientes imaginarios y otros, un plató de televisión con todo listo para emitir en directo. En mi cabeza, todo era posible. Todo.

1

Aquellas pequeñas cosas

Llegué al mundo un octubre de 1976. Aquel año se hizo el primer vuelo comercial del avión Concorde (en el que luego montaría con mi padre). Adolfo Suárez llegó a la presidencia del gobierno de España. La gimnasta Nadia Comăneci hizo historia en los Juegos Olímpicos de Montreal. La sonda Viking 1 se posó en la superficie de Marte. En la Tierra nací yo, en ese mes de ese año. Lo que en principio no estaba claro era qué día había sido. Mi parto fue, como se dice en la tele, al filo de la medianoche, de modo que empecé a nacer el día 13 y acabé el 14. Mis padres tuvieron que elegir. Obviamente, eligieron el 14: el 13, como se sabe, da mala suerte, y la mía más bien ha sido buena. El 14 es mi número de la suerte.

Toda la familia vino a verme al hospital. Cuando nació mi hermano Daniel hubo una especie de sorteo para decidir su nombre, pero en mi caso, mi abuelo Jose, el padre de mi padre, lo tenía claro:

—Se llamará Jordi, como muestra de agradecimiento a esta tierra.

Siempre se sintió muy agradecido por cómo los había acogido Cataluña, así que me puso el nombre de su patrón, sant Jordi.

Los Cruz Pérez no éramos una familia numerosa. Cuatro abuelos, seis tíos y seis primos. Con nosotros cuatro, veinte en total. Un número perfecto para caber todos en la cena de Nochebuena.

Aunque casi todos vivían en Barcelona, su lugar de origen no era este.

Mi abuelo y mi abuela paternos, Jose y Victoria, eran de Melilla, pero de mundos distintos. Muchas veces me contaron la misma historia: él solo podía verla cuando salía del colegio y volvía a casa. Durante ese trayecto, un muro medio derruido dejaba el hueco necesario para que pudieran encontrarse sin que nadie sospechara nada. Eran solo unos minutos al día, pero fueron suficientes para que se enamorara de mi abuela Victoria. Sin embargo, la familia de esta, propietaria de un negocio de ultramarinos, quería casarla con alguien con futuro, con una buena profesión, un hombre de provecho.

Mi abuelo era muy espabilado. Tenía nociones de fontanero y electricista, pero aquello no daba demasiado dinero ni estatus. Eso se encontraba en el Ejército, así que acabó entrando en sus filas. El padre de mi abuela empezó a verlo con otros ojos, y al final accedió y le dio permiso para que se casase con su hija.

Al poco tuvieron un hijo al que bautizaron como Antonio. Por desgracia, falleció a los dos años. Luego llegó mi tía Maruchi y por último mi padre, al que pusieron el nombre de su hermano fallecido. Recuerdo cuando íbamos al cementerio para Todos los Santos y pasábamos por el nicho donde lo habían enterrado: «En memoria de Antonio Cruz Navarro».

—¡Papá, es tu tumba! —decía yo, algo siniestro.

Una vez leí que el hermano muerto de Salvador Dalí también se llamaba Salvador, lo que marcaría al pintor durante toda su vida.

Mi padre, su hermana y mis abuelos hicieron las maletas varias veces. De Melilla se mudaron a Vic, la capital de la comarca de Osona, en la provincia de Barcelona. Unos familiares vivían allí y contaban maravillas. No estuvieron mucho tiempo. Mi abuelo, que ya empezaba a pensar en la educación de sus hijos y en las ventajas de las grandes ciudades, tenía un plan: irse a vivir a Barcelona. Se fijó en un barrio de nueva construcción llamado La Trinidad, en el distrito de Nou Barris, grandes bloques en el extrarradio donde se alojaba el aluvión de la migración del campo a la ciudad. En Barcelona, como en Madrid, se asentaba gente en busca de una vida mejor, procedente de Galicia, Andalucía, Extremadura, Castilla..., y las ciudades iban creciendo. Era el éxodo rural, que dejaba a sus espaldas la España vaciada. Allí se compraron un pequeño piso y por fin echaron raíces.

Mis abuelos maternos, Benigno y María, nacieron en Villanueva del Fresno, Extremadura. Se casaron jóvenes y se mudaron a una casa de dos plantas delante de una farmacia. En la parte de arriba tenían la vivienda y, debajo, el taller. Mi abuelo era ebanista, lo que conecta con mi afición por crear cosas con las manos, y tenía muy buena reputación por sus trabajos con la madera. También fue músico, tocaba en la banda del pueblo. Mi abuela María cuidaba de la casa y de sus dos hijos, Maruja y Nino (de Benigno, como su padre). De Villanueva se mudaron a Algeciras. Poco después de instalarse, ocurrió algo que cambió el rumbo de sus vidas. Nino se cayó de un árbol jugando y se rompió el fémur. Para recuperarse, tenía que quedarse tumbado sobre una tabla, pero durante ese tiempo cogió meningitis. Mis abuelos decidieron viajar a Barcelona para que le curasen. Por desgracia, no pudieron salvarlo, y murió un 12 de octubre, con solo cuatro años. Después de ese duro golpe, la familia se mudó a Mataró. Mi abuela se quedó embarazada y a los nueve meses nació mi madre, Antonia. A los pocos años nació otro varón e, igual que le pasó a mi padre, le pusieron el nombre de su hermano fallecido, Nino. No sé si lo de heredar nombres de hermanos era una costumbre de la época, pero esta macabra coincidencia también se repetía en la familia de mi madre.

Por trabajo, se mudaron de Mataró a Barcelona. Después de pasar por distintas casas, acabaron en el barrio donde mis abuelos paternos habían comprado un pisito.

Por esas calles de La Trinidad se conocerían mis padres, Antonio y Antonia, años después.

Mi abuela María murió de un infarto cuando yo era muy pequeño. Mi abuelo Nino se quedó solo y empezó a pasar algunas temporadas en casa. Nos apañábamos muy bien. El cuarto de juegos se convirtió en su habitación. Su tarea estaba clara: hacer de abuelo. Cuando venía se encargaba de hacer la ruta y de ir a buscar a los nietos al colegio (mi hermano y yo íbamos a distintos centros porque mis padres no encontraron plaza en el mismo). Recuerdo una colección de revistas que venían con una cinta de casete que se llamaban *Oye mira*. En esa época había muchos grupos de música infantiles —Parchís, Regaliz, Enrique y Ana— que en muchas ocasiones interpretaban la sintonía de las series de dibujos animados. Cada mes salía un *Oye mira*, siempre de un grupo distinto. Mi abuelo me las compraba en el quiosco. Me acuerdo de estar en el colegio expectante, a los cinco o seis años, porque llegaba a buscarme con el regalo, volvíamos a casa y me pasaba toda la tarde escuchando las canciones. Yo era muy fan de Parchís, veíamos sus películas en las sesiones de cine que hacían en el cole. Una vez pusieron *La guerra de los niños*, una peli alucinante en la que los miembros del grupo conseguían un viaje a Disneylandia, lo que quizá influyó en mis sueños de viajar allí. De noche, en la cama, cuando tenía pesadillas o preocupaciones, me imaginaba aquella escena final, cuando aparecían carrozas maravillosas adornadas con lucecitas y sonaba una canción dedicada a Walt Disney. Era un truco infalible: me dormía al instante.

Mi abuelo pasaba un tiempo con nosotros en Barcelona y otras temporadas en casa de mi tía, en Mallorca. Cuando se iba, mi hermano y yo recuperábamos nuestro cuarto de juegos.

Una noche de domingo estábamos en el salón viendo una película muy rara con mis padres, *El sentido de la vida*, de los Monty Python. Yo tendría ocho años y no entendía nada. Recuerdo una escena en la que aparece un huevo gigante que se rompe. En ese momento, sonó el teléfono y presencié por primera vez lo que era el dolor profundo. Mi madre lo cogió, escuchó atentamente y soltó el auricular dando un grito, como si le quemase la mano. Acababan de comunicarle que mi abuelo había fallecido. Ella se fue para Mallorca a enterrarlo, y nosotros nos quedamos con mi padre, que era un poco desastre para preparar desayunos, comidas y cenas, y casi se volvió loco. Mi tía Maruchi nos ayudó y salimos adelante hasta que volvió mamá. Así se fue mi abuelo, de pronto, sin despedirnos.

Por desgracia, no tengo muchos recuerdos de ellos. Solo fotos, lo que me contaba mi madre y poco más. Se fueron muy pronto, o yo llegué muy tarde.

Mis abuelos paternos sí que me vieron crecer, y su influencia marcó mi personalidad. Sus historias eran apasionantes. Mi abuela Victoria, siempre que paseábamos por Navidad y veíamos las luces, me decía:

—Tu abuelo fue uno de los técnicos que pusieron las primeras luces de Navidad que hubo en la ciudad, en la calle Pelayo, entre las plazas de Universidad y Cataluña, en el centro.

Yo veía lo altas que estaban y pensaba: «Mi abuelo es el mejor».

Lo recuerdo con su pelo blanco y su venerable bigote. Tenía

porte de capitán, de capitán de la familia Cruz. Era un señor conservador, de la vieja escuela. Le gustaba la seriedad y el trabajo duro, no estaba para tonterías. Con una mirada, te fulminaba.

A veces discutían porque mi padre, de joven, siempre estuvo metido en las típicas movidas estudiantiles, grupos de protesta, manifestaciones relacionadas con la lucha de los trabajadores, Comisiones Obreras, *diadas* catalanistas y en lo de «correr delante de los grises».

Mi abuelo era del Real Madrid y mi padre, del Barcelona. El primero lo ganaba todo y el Barça tenía que agarrarse a la esperanza de que algún día cambiarían las tornas.

Desde pequeño, me quedaba obnubilado mirando cómo mi abuelo manejaba las herramientas y lo reparaba todo con sus manos gruesas y hábiles, haciendo y deshaciendo. Una vez presencié una reparación de fontanería con un chicle, como si fuera MacGyver. Bueno, no era exactamente goma de mascar, sino una goma elástica, pero en mi mundo de fantasía lo vi como un chicle.

Yo siempre he sido de los que prefieren hacerse su sofá a comprarse uno de tres mil euros; de decorar la casa con mis adornos, no con los que se compran; de montármelo por mi cuenta, eso que ahora llaman «hazlo-tú-mismo», *do-it-yourself*. Quizá me venga de mi abuelo.

Él fabricaba grandes aviones de madera y cartón. Los lanzaba desde la azotea del edificio y nosotros corríamos siguiendo sus indicaciones. Allí encontrábamos el avión, no siempre en buen estado. Poco a poco, fui aprendiendo a reparar, inventar, montar y desmontar. A mi abuelo le gustaba.

—Yo no me preocuparía por el futuro de Jordi. Está claro que acabará haciendo algo —decía.

Aún conservo dos aviones de mi abuelo. Están listos para

volar, pero ahora decoran el techo de una habitación. Es como si los hilos de pescar que los sujetan fueran cadenas invisibles que los mantienen flotando en esos maravillosos domingos de mi infancia.

Murió a principios del siglo XXI, pocos días después de mi madre. Todavía guardo su cojín del Real Madrid —aunque soy del Barcelona, como mi padre— y su nutrida caja de herramientas, con las que arreglaba el mundo. El mismo que a veces intento arreglar yo.

Mi abuela Victoria fue la última en irse. Yo tenía treinta y dos años. La noticia de su muerte me dejó muy tocado. Toda mi infancia huele a los abrazos de mis abuelos. Sabe a esos caramelos que me escondían en el bolsillo con la promesa de no decir quién me los había dado. Suena como esos besos y carantoñas que recibía en cada moflete al entrar por la puerta y al salir. Con su marcha, gran parte de mi infancia se convirtió en un recuerdo imborrable.

2

No me enseñes la lección

Vivíamos en Sant Andreu del Palomar, un barrio de la gran ciudad que para mí tenía el encanto de un pueblo. Las distancias eran cortas, conocías a los vecinos y te los encontrabas por la calle. Disfrutábamos de nuestras fiestas patronales, de nuestra iglesia en la plaza y de nuestro paisanaje. No vivir en el centro tenía esas ventajas.

Guardo muy buenos recuerdos de esos primeros años. Nuestra casa estaba en el número 18 de la calle Gran de Sant Andreu, casi al lado de la antigua fábrica de ENASA —Empresa Nacional de Autocamiones, Sociedad Anónima—, constructora de los famosos camiones Pegaso. Con el tiempo, esa mole de cemento y hormigón se convirtió en un parque lleno de zonas lúdicas y deportivas. Nuestro piso era el quinto A. En el de abajo, en el cuarto B, vivían Pepe, Carmen y sus hijos, Maricarmen y Dani.

Pepe y mi padre eran amigos desde jóvenes: jugaban al fútbol, hacían teatro, cogían la guitarra y cantaban. Cuando crecieron, decidieron vivir en el mismo edificio y mantener una relación cotidiana. Y que también la tuvieran sus hijos.

En el quinto B vivían Antonio, Rafaela y sus hijas, Ana Mari y Conchi, mayores que nosotros. También estaba Ana, que era peluquera y tenía su salón en casa, y su hijo Albert. Esa combinación de vecinos, amigos, hijos e hijas conformaba un micromundo.

Nuestra casa era perfecta para un matrimonio con dos hijos: un recibidor en la entrada, una pequeña cocina llena de armarios hasta arriba, habitaciones correctas, salón y un pequeño balcón con toldos floreados. Recuerdo que la puerta del comedor tenía unos pequeños vidrios donde en Navidad encajábamos las felicitaciones. Por entonces, si tenías muchos amigos, sabías que recibirías muchas tarjetas. Hoy se felicita por mensaje y no tiene tanto encanto. El piso de Pepe y Carmen tenía la misma distribución que el nuestro, de modo que debajo de nuestra habitación estaba la de Maricarmen y Dani. Jugábamos a intercambiar mensajes atados a cuerdas y nos los pasábamos por la ventana de arriba abajo y de abajo arriba. Así nos contábamos nuestras cosas o concertábamos citas para vernos.

«¿Qué? ¿Subes tú o bajo yo?».

Los sábados, después de la película de sobremesa, los mayores se juntaban para jugar a las cartas. A los niños nos daban vía libre para que no los molestáramos durante la partida. Los Danis iban a una habitación y los pequeños, Maricarmen y yo, a otra.

Mi vecina era una chica muy decidida. Siempre tenía ideas y quería vivir grandes aventuras. Solía llevar la voz cantante, arrancaba todas las historias. Aquellas tardes de sábado eran una explosión de imaginación brutal. Ella tenía el don de escuchar una canción en inglés y memorizarla. Yo alucinaba en colores con ese superpoder. Muchas de esas tardes acababan con una función delante de nuestros padres. Podía ser un baile, una obra de teatro o cualquier invención. Nos veían actuar delante de la mesa y, cuando terminábamos nuestra *performance*, nos entraba toda la vergüenza del mundo y nos íbamos corriendo al cuarto. Para mí, Maricarmen fue una parte muy importante de esos primeros años.

Por aquel entonces, mi rutina estaba muy clara: colegio y casa. No recuerdo que las actividades extraescolares estuvieran tan de moda como ahora. Eso sí, después de acabar las clases, me quedaba bastante rato jugando en el patio. Eran momentos de risas, diversión y descubrimiento. Luego, en casa, me dedicaba fundamentalmente a ver la tele, a ver la tele y a ver la tele. Aunque debería haber estado haciendo los deberes, mi madre nunca conseguía que me pusiera al tajo. Siempre tenía excusas más o menos perfectas o me inventaba que no había tareas. Así era yo. A veces tenía instantes de sensatez pasajera: «No, Jordi —me decía a mí mismo——, tienes que estudiar, tienes que tomarte esto en serio».

Y lo hacía... al menos durante un rato. «¿Qué estarán poniendo en la tele?», me preguntaba. Y lo que ponían eran programas que me encantaban: *Campeones*, con Oliver y Benji, *Juana y Sergio* o *La merienda* con Miliki y Rita Irasema... así era imposible concentrarse en los estudios.

En aquel barrio fui a mi primer colegio. Se veía desde el balcón de casa. Era un centro de curas algo rígido en el que estuve de párvulos a octavo de EGB. A veces los padres cambian a sus hijos de colegio, y eso, aunque para el adulto no es tan grave, para el niño puede ser traumático, porque tiene que reiniciar su vida social, pues aterriza en una historia que está medio contada. Que me mantuvieran en el mismo colegio toda la EGB fue una suerte, porque hice un gran grupo de amigos con los que compartí la infancia y la preadolescencia.

La primera parte de los estudios, preescolar, me impactó mucho, porque se hacían manualidades y decoraciones, y se dibujaba mucho. Recuerdo ver el colegio siempre decorado con murales y recreaciones gigantes de personajes de las películas de Disney de la época. Durante esos años, mi pandilla estaba formada por Daniel, Jordi, Ferran, Jesús... Hacíamos muchas trastadas, pero eran trastadas contra el sistema, no para hacer la vida imposible a los compañeros más débiles. Una vez descubrimos no sé cómo que con las tijeras de punta redondeada se podían abrir todas las puertas del colegio.

Otros niños más espabilados hubieran robado el examen de Ciencias Naturales; nosotros, en cambio, entrábamos a diario en el despacho del director y le cambiábamos los objetos de sitio. Como parecía no darse cuenta, sustituimos sus fotos por otras que no tenían nada que ver que sacábamos de revistas. Íbamos a la hora del recreo, en plan *Misión imposible*, y nunca nos pillaban. Cuando eres niño, no tienes miedo a nada. Si nos cogían in fraganti, nos podían castigar e incluso expulsar, pero nos daba igual. Éramos temerarios, al menos en nuestro pequeño universo. A mí no me gustaban mucho los juegos competitivos, no me iba lo de jugar al fútbol a la hora del recreo. Prefería sentarme con mi pandilla y urdir pequeñas maldades.

Hace poco, un antiguo compañero recordaba en Twitter que un día hice ver que estaba enfermo y no fui al colegio. En vez de ocultarme en mi cuarto, me asomé al balcón, desde donde se veía el centro, y comencé a bailar al ritmo de la música del radiocasete, a saludar y a hacer el tonto para que me vieran mis compañeros por la ventana, pues estaba tan ricamente en casa mientras ellos aguantaban el tostón en clase. Con tanto gamberrismo, no fui el mejor estudiante del mundo. De hecho, suspendí demasiado.

Eso traía de cabeza a mis padres. Eran dos bellísimas personas que se repartían los roles siguiendo el modelo de la época. Ambos, papá y mamá, se desvivían para que no nos faltase de nada. Mi madre trabajaba en el sector informático. Su hermana, mi tía Maruja, siempre dice, orgullosa: «Antoñita fue de las primeras mujeres que manejaban aquellos ordenadores de tarjetas perforadas. Lo dejó para cuidaros a vosotros». Era puro amor, la madre más amorosa del mundo, una madre con todas las letras.

Mi padre estudió Fisioterapia y se graduó con las mejores notas de su promoción. Por las mañanas trabajaba en Telefónica (así se aseguraba un sueldo para casa) y por las tardes pasaba visita a sus primeros pacientes en una pequeña consulta. Con los años, demostró sus habilidades como emprendedor y empresario. Su nueva visión sobre los tratamientos y la forma de ejercer la fisioterapia transformaron esas cuatro paredes en lo que años después serían sus clínicas de rehabilitación, los Centros Cruz Navarro.

Su trabajo matutino también dio frutos. Empezó desde abajo y llegó a puestos directivos gracias a su talento, constancia y, como decía mil veces, «la búsqueda de la excelencia». Se dedicó en cuerpo y alma al papel de proveedor familiar: trabajaba mucho, de ocho de la mañana a once de la noche, y le veíamos poco.

—Cuando vosotros erais pequeños, nunca os pude acostar, pero en cuanto llegaba a casa entraba en vuestra habitación para daros las buenas noches.

Él tenía que ser el duro, el que nos enseñaba las normas de la sociedad. Quería, por ejemplo, que comiéramos la fruta del postre con cuchillo y tenedor, aunque conmigo no lo consiguió. Me perseguía por la casa y yo, asilvestrado, corría con la rodaja de sandía mordisqueada en la mano.

A pesar de esa vertiente autoritaria de mi padre, pronto descubrí su faceta más creativa y desenfadada. Por ejemplo, supe que, de joven, había participado en grupos de teatro, y que le gustaba actuar. También vi que utilizaba tebeos de Astérix en sus presentaciones de empresa: borraba lo que ponía en los bocadillos y escribía sus propios mensajes. Recuerdo la vez que explicó en una junta directiva que en la empresa eran como «la tribu poblada de los irreductibles galos que resiste todavía y como siempre al invasor», mientras que los romanos eran... la competencia. Me alucinaba ver que en el mundo de los adultos, en el frío y gris universo de la empresa, se podía introducir el cómic a través de las transparencias y contar las cosas de otra forma. Hoy es más común, ya que se usan distintos programas de edición y creación de presentaciones, pero en aquella época era raro. Mi padre tenía una fuerte vertiente creativa.

También era muy franco: cuando no creía en un proyecto o idea, no tenía ningún remilgo en bajarte los humos, aunque te desilusionase. En la familia Cruz Pérez nunca hemos sido mucho de regalar halagos ni de seguir la corriente.

—Eso no lo veo, Jordi, no va a funcionar —me decía cuando le contaba una idea loca.

Mis padres han sido piezas fundamentales en mi vida y en mi carrera profesional. Sus consejos sinceros siempre estaban por encima de cualquier opinión. Mi madre era más sutil; mi padre, directo. Desde pequeños nos lo dejó claro:

—Estudiar es vuestra única responsabilidad —nos decía papá—. Cuando seáis mayores, tendréis más, pero por ahora solo esa.

Todavía siento remordimientos por no haber sido buen estudiante: sé que aquello creaba fricciones entre mis padres, entre la defensa maternal de mamá y la rendición de cuentas ante papá. Llegaba yo con ocho suspensos y mi madre me decía:

—Venga, no te preocupes, ya hablo yo con tu padre.

Si mi madre estuviera viva, le diría que me perdonase por cargarla tantas veces con mis problemas estudiantiles. Aquellos malos resultados escolares también impidieron que toda la familia pudiera ir a pasar unas buenas vacaciones: tocaba esforzarse, atender a los profesores particulares y estudiar para septiembre. Pero yo era así de inconsciente por naturaleza.

En el cole hacía cosas raras. En una ocasión, de forma muy distraída, me tapé una pequeña herida de la pierna con un poco de típex, aquel líquido blanco de olor tan tóxico que utilizábamos para borrar y escribir encima. No sé por qué lo hice, estaba amodorrado, jugando, escuchando al profesor... Claro, al llegar a casa, empecé a encontrarme fatal, mareado, con una fiebre descomunal. Me miré la pierna y estaba hinchada y amarillenta, así que me llevaron rápidamente al hospital. Tuvieron que raspar y extraer el pus de la infección con jeringuillas.

—Si hubieras tardado un poco más, tendríamos que haberte amputado la pierna —dijo el médico.

No fue la única cosa rara. Por ejemplo, con clips me hacía brákets de los que se ponen en la boca para arreglar la dentadura. Hoy tienen cierto rollito, y no es difícil ver a estrellas de la música o a modelos que presumen de ellos como un complemento de moda más. Entonces nadie quería llevar aparatos, pero yo me los ponía de clips y chicles. Ahora pienso en todo aquel metal en mi boca y me da un poco de grima. Era un poco Eduardo Manostijeras. Por cierto, una de mis frustraciones de infancia fue no llevar gafas, también en contra de un consenso mayoritario «antigafil».

En aquellos años, mi relación con los objetos era, como se ve, especial. Ahí nació lo que yo llamo mi «síndrome de separación». Todo comenzó un verano que toda la familia fuimos de viaje a un lugar que ahora no recuerdo. Estábamos de ruta y paramos para ver una puesta de sol muy hermosa. Al volver al coche, no encontraba la moneda con la que había estado jugando todo el rato.

—¿Dónde está mi moneda? ¿Alguien la ha visto? ¿Dónde habré puesto la moneda? No sé qué habrá sido de ella... —dije.

—La he dejado sola en el sitio donde hemos parado —respondió mi hermano.

En ese momento comenzó el trauma: siento empatía por los objetos y no puedo soportar que se queden solos o desamparados. Cuando vi *Toy Story*, conecté completamente con la película, porque yo también pensaba que los objetos tenían una vida secreta. Por eso las cosas tenían que estar juntas, no sufriendo en soledad.

Cada vez que estaba triste, se me acentuaba esa empatía desbordada. Cuando emitieron el último capítulo de *Aquellos maravillosos años*, tuve un ataque de los míos. Era muy fan de esa serie y saber que no volvería a verla me puso triste. Entré en el lavabo y empecé a juntar cosas similares: cepillo con cepillo, peine con peine, gel con champú. Quería que se hicieran compañía en la frialdad del baño.

Todo evolucionó hasta que comencé a recoger cosas del suelo como quien rescata a un animal perdido. Sufría un grado de empatía descontrolado. Luego lo empecé a racionalizar: comencé a pensar que no pasaba nada porque un objeto estuviera en el suelo, seguro que pronto encontraría otros, aunque fuese en el vertedero. Con los años he mejorado, pero aún conservo esa manía. Cuando estoy de viaje fuera de España y me como una bolsa de gominolas que he llevado de casa, tengo que traer el envase de vuelta. Mi cabeza piensa: «¿Qué hará esa pobre bolsa en otro sitio? Seguro que ni habla el idioma de las bolsas de gominolas de ese país...».

Cuando veía la tele de pequeño no era por mero entretenimiento, sino por fijarme en cómo se hacían las cosas. El *Un, dos, tres* me volvía loco. Esperaba con ansiedad la llegada del viernes y ver qué montaban como decorado, siempre inspirado en una temática, y qué concursos y juegos se habían inventado.

Las puestas en escena eran impresionantes. Recuerdo que unas Navidades crearon una pista de patinaje sobre hielo para los niños. Alucinaba con el programa. Otra de mis obsesiones era esperar cada año el comienzo de la temporada para descubrir a la nueva mascota: Ruperta, el Chollo y el Antichollo o Botilde.

Cuando llegaron las cadenas privadas, apareció en la tele un señor con traje, gafas redondas y deportivas blancas. Aquel contraste entre la seriedad del traje, la que requería la televisión, y lo informal de las zapatillas causó furor. Era Emilio Aragón, antes conocido como Milikito, el hijo del gran Miliki. Presentaba un programa llamado *VIP* en Telecinco, «Tu cadena amiga», y se convirtió en un referente para mí. Llegó a sacar algún disco con temas que se grabaron a fuego en el imaginario de la época, como «Cuidado con Paloma» —«que me han dicho que es de goma»—, una sátira sobre la cirugía estética, cuestión candente y novedosa por entonces.

Algunos actores cuentan que se decantaron por esa profesión al ver a grandes estrellas como Sophia Loren o Marlon Brando. En mi caso fue Emilio Aragón. Cuando apareció en la tele, decidí que quería apostar por ese tipo de comunicación mezclada con espectáculo. Me encantaba su forma de conectar con el público, era diferente a lo que había visto antes. Me cae fenomenal. Ha abarcado muchísimos aspectos de la profesión: presentador, cómico, actor, productor, director de orquesta, músico y empresario.

De la llegada de la tele privada recuerdo la aparición de Canal +. Fue el iniciador de las cadenas de pago, y para verlo se necesitaba una llave de plástico que se introducía en un descodificador. Era todo muy raro y misterioso y, por tanto, atractivo. Fuimos de los primeros en el edificio en tener ese canal. Eso se convirtió en la comidilla de la escalera, hasta tuvimos que instalar una especie de antena parabólica para recibir la señal. En Canal + se jactaban de dar buen cine, buen fútbol y, cómo no, las famosísimas películas porno que tantos adolescentes trataban de ver codificadas, intentando intuir escenas eróticas en una pantalla llena de líneas blancas y negras.

Mis revistas de cabecera eran *Teleprograma*, *TP*, en formato pequeño, para consultar la programación de la tele, o *Teleindiscreta*, algo más grande, con la que regalaban pegatinas, pósteres o *merchandising* de distintas películas y series, como *El gran héroe americano*, *El coche fantástico* o la célebre serie *V*, en la que alienígenas reptilianos disfrazados de humanos, a las órdenes de la pérfida Diana, trataban de conquistar el planeta Tierra. Cómo flipamos cuando se desencajó la mandíbula para zamparse un hámster de un bocado... Pasados los años, cuando ganamos el primer Premio TP de Oro con *Club Disney*, me hizo mucha ilusión: era la revista que compraba mi abuela y yo leía en su casa. Acababa de ganar uno de sus premios.

3

No aclares, que oscurece

En un momento dado, mis padres decidieron buscar una nueva casa. La situación de la familia había evolucionado, teníamos más ingresos y podíamos aspirar a un piso más grande. La noticia me supuso un trauma porque tenía mi vida montada: el colegio cerca y mi mejor amiga en el mismo edificio. Toda mi corta existencia la había pasado allí, y no conocía otro lugar.

Ya que nos mudábamos, mi hermano prefería irse lejos, al centro de Barcelona, pero a mí, como iba a una agrupación de *scouts* y tenía mucha vida en el barrio, me pareció bien seguir en la zona. Mi madre también se quería quedar en Sant Andreu. Por suerte, no fuimos muy lejos, solo un par de calles más allá, a unas nuevas promociones que acababan de construir en el paseo Once de Septiembre. En la nueva casa, todos ganábamos independencia. Era más grande y cada uno tendría su habitación. Fue un cambio importante: los hijos compartiríamos baño y los padres disfrutarían del suyo. Todo un lujo.

La mudanza coincidió con mi último año de EGB. Había repetido octavo, estaba a punto de cumplir los trece y decidieron cambiarme de colegio.

Al principio, la noticia no me hizo gracia. Mi hermano iba a ese centro y contaba maravillas. Al final acepté y me despedí de mis compañeros. Al no vernos todos los días en clase, fuimos perdiendo el contacto.

El nuevo colegio estaba en el Carmelo, un barrio en la cima de una montaña desde la que se ve Barcelona, justo al lado del Parque Güell que diseñó Antonio Gaudí y ahora es pasto del turismo desbocado. En 1994, el día que se quemó el Gran Teatre del Liceu, lo presenciamos desde allí arriba. Una gran columna de humo negro conectaba la ciudad con el cielo. Parecían los efectos especiales de una película. Pasar de un colegio al lado de casa, en la comodidad y cercanía del barrio donde todo estaba bajo control, a madrugar y coger tres buses —el 14, el 31 y el 28, por este orden— supuso un cambio enorme.

En el autobús solía desatarse el drama, porque tengo una particularidad: si me coge sueño, lloro. Se me saltan las lágrimas con cada bostezo. Como iba agotado, era un llanto constante y la gente pensaba que me había pasado algo terrible, cuando lo peor era haber tenido que dejar la cama. Si no tengo sueño, me pasa algo más raro aún: soy demasiado locuaz. Es como si no tuviera término medio. Siempre me levanto de buen humor y con ganas de hablar. Por eso, los días que no lloraba en el autobús, hablaba sin parar con mis amigas: qué habían hecho por la tarde, qué habían visto en la tele... Ellas adormiladas, con la legaña aún puesta. Susana, Leti y Gema me decían:

—Jordi, por favor, cállate. Son las ocho de la mañana.

Pobres. Con muchos años de retraso, os pido disculpas.

En el colegio Virolai se organizaban muchas actividades, como la castañada, la fiesta tradicional catalana del 31 de octubre. Se comen castañas y boniatos asados y *panellets*, acompañados de moscatel. Se celebraba en el comedor, y había derivado en algo más juvenil y discotequero. Los alumnos de segundo de BUP se encargaban de la organización. Vendían castañas, boniatos y refrescos, y recaudaban dinero para el viaje de fin de curso. El primer año que asistí como público me pareció muy aburrida: la música era un casete en bucle, las luces estaban encendidas... El ambiente era un muermo.

Al año siguiente fui alumno de segundo y propuse ocuparme de la fiesta. Prefiero ser proactivo, proponer algo sin esperar a que me lo asignen, así que la cambié de forma radical. En realidad, lo importante estaba en los detalles, no era necesario inventar nada raro. Bajé la intensidad de la luz para que el lugar no se pareciera al comedor de siempre e incluí una colorida decoración, lucecitas que había encontrado durante mis vagabundeos por los almacenes del colegio, compinchándome con los de mantenimiento. También me ocupé de que la música fuera movida y variada. Con unas sencillas intervenciones, la convertí una fiesta divertidísima, casi una discoteca. Cambiaba las luces con un botón. A los profesores les alucinó ver cómo su longeva y aburrida fiesta había cobrado nuevos e insospechados bríos. Fue mi primera vez como disyóquey y organizador de fiestas.

Desde luego, lo mío no era el deporte o sentarme en un banco a pasar el rato. Tenía otros intereses. Tampoco me sentía marginado o raro por ello; me interesaban el arte y la creación. Además, me entretengo solo. No me hace falta mucho para pasar el rato, sobre todo durante los años en los que vivía en mi mundo. No era un marginado, sino alguien bastante conocido, ocurrente, gamberro justiciero y, además, suspendía un montón. Vamos, una joyita.

Mi padre siempre me decía:

—Si tienes un talento eres imparable, pero si a ese talento le unes el conocimiento, entonces eres indestructible.

Ese consejo era y es muy valioso, pero yo estaba en plena adolescencia y, por desgracia, lo que menos me interesaba eran los libros y el conocimiento.

¿Por qué era mal estudiante? En mi primer colegio, el de curas, todo me parecía muy limitado, no me estimulaba nada. Además, las historias religiosas no me llamaban. Desde pequeño me di cuenta de que eran como un cuento, pero nos narraban la parte sombría, llena de dolor, culpa y sordidez. Prefería las historias luminosas que me contaba a mí mismo.

Un día, uno de los curas nos estaba esperando en clase. Entré armando jaleo, como casi todos los chavales después del recreo. Su reacción fue muy violenta: me dio unos coscorrones con un llavero de metal que siempre llevaba en la mano. Indignado ante aquella agresión, corrí del cole a casa. Me reventaban las injusticias. Mi madre habló con el centro e intentaron convencerme:

—Mira, Jordi, no ha sido como tú lo cuentas, es cosa de esas fantasías tuyas...

Pero no me sacaron de mis trece: no nos podían tratar así. He sido muy travieso y, cuando me pillaban, lo confesaba todo. Pero en aquella ocasión no hice nada. Al final, al cura lo cambiaron de colegio o lo despidieron por otros episodios de ese tipo. Mi padre nunca se enteró del altercado. Mejor. Hubiese ardido Troya.

Después, cuando llegué a BUP y COU, no me convertí en alumno de matrícula, pero el cambio de colegio hizo que me interesara mucho más. Igual no era tan mal estudiante...

En el Virolai no había enseñanzas religiosas y se funcionaba con las materias de toda la vida, pero también con créditos y talleres de libre elección. Era otro concepto, más moderno y motivador. Podías controlar tu trayectoria y dedicarte a lo que te interesaba. Dejé de sentir la presión de estar constantemente memorizando información que quizá nunca iba a necesitar y que ni siquiera quería conocer. Me apunte a Técnicas de Laboratorio, a clases de Escritura y a Historia del Arte. Esos oasis entre Matemáticas y Lengua Española era un alivio.

4

La chispa que todo lo enciende

Como todos los años, llegaba la Semana Blanca, en la que mis compañeros se iban a esquiar y yo no, porque, una vez más, había suspendido.

—Jordi, ni Semana Blanca, ni Semana Verde ni Semana Marrón. Tú te quedas a estudiar.

Esa semana, los que no podíamos —o no querían— ir a esquiar nos quedábamos en el colegio y hacíamos actividades. Así entré en el Taller de Radio. Ese medio me gustaba mucho. Muchos años atrás, los Reyes me habían dejado un micrófono Fisher Price en casa de mis abuelos, y me pareció la bomba. Iba con mi pequeño micro de colores reportando todo lo que veía: «Aquí está pasando esto, aquí lo otro».

Aquel taller me cambió la vida. Fue como en las películas: conseguí una gran conexión con el encargado de las clases, el profesor Moya, que daba Lengua Española. Era un señor muy alto, formal, con gafas grandes. Yo era un torbellino y él pensó que en la radio podría encauzar esa pasión. Vio en mí talento y vocación.

Al principio intentaba imitar la radiofórmula de Los 40 Principales con unos medios bastante precarios: tenía dos reproductores de casete e iba alternando uno y otro para pinchar las canciones y los *jingles* de Radio Virolai, haciendo comentarios encima por el micrófono. El estudio no era tal, sino la enfermería del colegio. A veces, la dirección me daba dinero para que comprara un CD —de Bruce Springsteen, por ejemplo— y realizara un sorteo entre los oyentes. Casi todos eran mis compañeros, mientras jugaban en el patio, porque solo se oía por la megafonía. Invertía todos mis recreos en la radio. Cuando sonaba el timbre, salía corriendo y trataba de que el programa del día, que ya tenía montado, estuviera en el aire cuando los chicos y chicas llegaran al patio. Regalé a las ondas —y a mis compañeros— algunos de los momentos más preciosos de mi juventud, con una disciplina asombrosa para mi edad. Fue la primera vez que me tomé algo en serio. Nunca vi esas horas de radio como una pérdida de tiempo. Al revés. Sin que me diera cuenta, fue el principio de todo.

Con los años he descubierto que el éxito no es la fama ni el número de seguidores que tengas. Tampoco las audiencias ni los contratos con muchos ceros. El mejor éxito es el personal. Sentirte realizado y satisfecho con tu trabajo. No se puede avanzar en un proyecto sin saber si tendrá éxito o no. Debes confiar en ti y dejar que los proyectos crezcan a su ritmo. Y en este proceso hay un ingrediente esencial: no tener expectativas.

Si te pones metas u objetivos, quizá no se cumplan. Es probable que no se hagan realidad, y entonces la frustración y el desánimo llamarán a tu puerta. ¿Por qué no eliminar ese elemento de la ecuación y cambiarlo por disfrutar del proceso? Si concentras tus energías en disfrutar, no te queda tiempo para comerte la cabeza.

Las horas que pasé en el estudio de radio y todo el tiempo que invertí en la preparación de los programas me recuerda a la dedicación de esos jóvenes youtubers que se encerraron a hacer vídeos en su habitación con el único objetivo de pasárselo bien y que, gracias a esos inicios y a su perseverancia, han logrado el éxito, e incluso hacerse millonarios.

De alguna forma, en mi caso era una responsabilidad. Podía haber estado jugando y haciendo el cabra con los colegas, pero me lo pasaba tan bien en la radio que nunca pensé que estuviera perdiéndome algo. Agradezco haber tenido compañeros y profesores que, desde el principio, comprendieron mi vocación y no me dejaron de lado.

En ese colegio vieron que había algo especial en mí y supieron enfocarlo. Mi primer autógrafo lo firmé en la revista del colegio, cuando me gradué, encima de un artículo titulado «Hasta siempre, Jordi» (el titular parecía una esquela). Era un artículo muy elogioso del profesor Moya que glosaba mi paso por el colegio, sobre todo como encargado de la radio, y que me convirtió en una especie de pequeña *celebrity* escolar. El artículo era un poco Nostradamus, porque profetizaba lo que iba a ser mi carrera profesional. Algunos párrafos decían:

> ¿Quién es capaz de que funcione perfectamente una instalación que a los demás no les causa más que problemas? ¿Quién consigue con su voz decir justo aquello que todos estamos pensando? ¿Quién acierta siempre con nuestra canción favorita del momento? ¿Quién? Y no exagero ni un tanto así. Dos años demostrando que técnicos de radio como él en el país... ni uno. Toma, ni productores, ni publicistas, ni animadores, ni presentadores. Solo él, el «nambergüan». EL GRAN COMUNICADOR.

> Así que, amigo Jordi, de todo corazón, MUCHAS GRACIAS, de verdad que te echaremos mucho de menos. Siempre nos enorgullecerá que la carrerilla de impulso hacia el estrellato la dieras en los pasillos de este, tu colegio, y con estos, tus amigos. Y un favor antes de que te marches: inocúla-

le a alguien que tú sepas el virus de la radio para que nuestra emisora no deje de ser lo que contigo ha sido. Firmado: los 108.002 miembros del club de fans de Jordi Cruz.

Guardo esa revista como un gran tesoro. Nunca podré dejar de agradecer todo el apoyo que recibí en esos pasillos. Las emisiones siguieron sin mí unos años más, pero las quejas de los vecinos, hartos de tanta música sonando por la megafonía, acabaron por cerrar la emisora. Mis sobrinos son ahora alumnos del mismo centro, y sigue intacta la leyenda de que, hace muchos años, un chico se dedicó a hacer radio desde la enfermería.

Mi pasión por la música y todo lo relacionado con ella iba creciendo. En esa época grababa la transmisión radiofónica de la gala de los Grammy, que era de madrugada, luego la escuchaba y la intentaba reproducir en casa a pequeña escala, con cajas de casetes para hacer el escenario de la gala, *clicks* de Playmobil en el papel de los cantantes, pantallas y luces con una linterna. Quería ser lo más fidedigno posible. De hecho, me hubiera encantado ser diseñador de escenarios y decorados. Tengo muchos libros al respecto. Hay uno que recoge todas las giras de U2 que es como una biblia para mí.

Con catorce años, lo de ir a conciertos no era habitual. Mi primera vez (no contaban los de Teresa Rabal o Torrebruno) fue ni más ni menos que el de Madonna, un gran estreno. La Ambición Rubia, como se la llamaba, decidió hacer una parada con su *Blond Ambition World Tour* en Barcelona, en el recién reinaugurado Estadio Olímpico. Aún faltaban dos años para los Juegos, pero Madonna pensó que la Ciudad Condal sería el lugar perfecto para transmitir en directo su *show* a todo el planeta.

Creo que Barcelona entera fue a ese concierto. Aquel verano

no se hablaba de otra cosa. Acudí con mi hermano y mis vecinos. Las dimensiones del escenario eran estratosféricas. Estaba claro que se nos venía encima un espectáculo como nunca habíamos visto. Y lo fue. Estábamos en las gradas, pero creo que no me senté en ningún momento.

Un año después, a pocos días de mi cumpleaños, iba a asistir a mi segundo concierto. EL CONCIERTO.

—¡Profesor! ¿Puedo ir a por una aspirina? Jordi no calla y me está entrando dolor de cabeza —decía uno de mis compañeros.

Era cierto. No callaba. Imposible. Aquella noche iba a ver por primera vez a Mecano en directo. Me había leído toda la información de la gira. Sabía cuántas canciones iban a cantar. El orden. Cuántos músicos formaban la banda. Todo. Todo. Todo.

Mi obsesión con la banda empezó después de *Descanso dominical*. Anunciaron un nuevo LP y, al salir de clase, iba a la tienda de discos del barrio para ver si les había llegado. Era un establecimiento muy pequeño, lleno de discos, casetes y algún que otro CD como novedad. La cantidad de estanterías y cajas acumuladas no dejaba ver el color de las paredes. Hice varios intentos, hasta que la dependienta abrió una caja de cartón y allí estaban las cintas de *Aidalai*. Compré una con el dinero que había ahorrado —lo llevaba justo— y corrí a casa. Estaba tan emocionado de tener lo nuevo de mi grupo favorito que escuchaba una cara del disco y la rebobinaba, hasta que me di cuenta de que había otra con más canciones. Podría decirse que estaba en «MecanoShock». Fue la primera vez que me obsesioné con un grupo. Bueno, para ser sinceros, años antes me había vuelto loco con la «Lambada» y empapelé toda la casa con carteles hechos por mí que incluían un sencillo pero efectivo mensaje: «Por favor, compradme el disco de Kaoma».

Al final accedieron y, la verdad, solo valía la pena el *single* «Lambada».

Ir al concierto de Mecano era mi único objetivo en la vida, o al menos eso pensaba en aquel momento. Mi madre hizo lo imposible por conseguir dos entradas. El 2 de octubre, marcado con un círculo bien grande en el calendario, llegó tras una insufrible espera. El lugar elegido fue el Palau Sant Jordi.

Mecano ya había tocado la noche anterior y estaba aprovechando las dos fechas para grabar el concierto en vídeo. Llegamos pronto, nos sentamos en nuestros asientos y vimos cómo se iba llenando el recinto. De los laterales del escenario colgaban unas telas blancas con grandes estampados, los distintos sellos circulares que acompañaban las canciones del álbum *Aidalai*.

Yo no paraba. Hacía previsiones de lo que iba a pasar:

—Mira, mamá. En ese lado del escenario seguro que cantan «Dalí». Y ese foco tan grande es para «Hijo de la luna». Y cuando pase esto, sucederá aquello...

Y así sin parar. Y mi pobre madre aguantando el tsunami de información. Nos comimos unos bocadillos de tortilla francesa que había preparado y, entre una cosa y otra, llegó el momento definitivo.

Se apagan las luces del Palau. Los gritos se disparan. Se enciende un cañón que ilumina a Nacho Cano en la cima de una montaña, rodeado de teclados, dándole a las teclas con su particular estilo. Suenan los primeros compases de «El peón del rey de negras». Aparece José María Cano en otra torre, guitarra en mano, con su peculiar vaivén de caderas. El público de la pista empieza a saltar y a dar palmas al unísono. Los que estamos en las gradas nos levantamos de un salto. Y por fin sale Ana Torroja, llena el escenario y canta «Negro, bajito y cabezón...».

Estallé a llorar. Me abracé a mi madre. Deseaba tanto que llegara ese momento que la emoción me superó. Después del primer tema, recuperé el control de mis emociones y pude disfrutar al máximo. Mi madre no se sabía las nuevas canciones, pero cuando llegó el *mix* con todas las de los ochenta se vino arriba como nunca. El concierto terminó con Ana y Nacho sentados al teclado de José María cantando «Me cuesta tanto olvidarte». Inolvidable.

Ese concierto fue mi pacto de unión con Mecano. Desde entonces, mi ya galopante «Mecanomanía» creció aún más. Empecé a escuchar sus primeros discos, a ver entrevistas antiguas. Quería saber más y más.

Veía en la tele uno de sus conciertos y lo recreaba. A veces fingía estar enfermo para no ir al cole.

—Mamáááá, que estoy malo hoy. Me encuentro mal.

—Vaaaale, quédate en casa.

Y así me ponía hacer mis cosas, la ropa y los instrumentos. Disfrutaba muchísimo: la guitarra era una raqueta, los teclados de cartón, cámaras imaginarias a las que me dirigía... Luego lo repetía cinco o seis veces, como si fuera una gira, para mejorar el espectáculo. Unas veces hacía de Ana Torroja, otras de Nacho o de José María Cano. Me encantaba Mecano, sobre todo el disco *Aidalai*, donde había éxitos como «El fallo positivo» o «El 7 de septiembre».

Mi único pánico durante esos «conciertos» en mi habitación era que apareciera mi madre o mi padre y descubriera el pastel. A veces, en plena faena, mi hermano abría la puerta de la habitación y debía de tomarme por loco. Años más tarde, cuando me fui a hacer *Club Disney*, mi hermano me dijo:

—Hazlo como en casa, cuando no te veía nadie.

Es el mejor consejo que me han dado nunca.

5

Bro-D

El chaval que las suspendía todas y recreaba conciertos y programas de la tele en su cuarto acabó encaminando sus estudios, y en tercero de BUP, hacia los dieciséis años, lo aprobé todo. Así que mi padre, como premio, me llevó de viaje.

—¿A dónde quieres ir? —me dijo.

—¡A Estados Unidos!

Siempre me ha gustado la cultura estadounidense. Creo que todos los de mi generación hemos tenido un influjo brutal de ese país, aunque no seamos conscientes de ello. En mi caso es aún más fuerte por mi querencia natural por los grandes espectáculos, la televisión, los presentadores, el *show business*. Pero ¿cómo llegan esas influencias a un chaval de un barrio de Barcelona? La culpable vivía en la puerta de al lado de mi casa.

Una vez, cuando yo era un niñato de diez años, mis padres salieron a cenar y me dejaron con mi vecina Ana Mari, una adolescente gamberra y díscola. Para mí, una musa. Pasaba mucho tiempo con ella, y todo lo que escuchaba me llegaba: artistas de la movida madrileña que me encantaban, internacionales como Madonna o los británicos Spandau Ballet o Duran Duran. Aquella noche, como siempre, nos dijeron que nos acostáramos pronto, pero no lo hicimos. Mi vecina tenía un plan.

—Vamos a poner una peli —dijo Ana Mari, malévola—, pero no le cuentes a tus padres que la hemos visto. Diles que te fuiste pronto a la cama.

La peli era *Grease*, con John Travolta y Olivia Newton-John. Flipé. Tenía todos los ingredientes de aquella juventud de instituto estadounidense idealizada: bandas de rockeros, parques de atracciones, bailes de fin de curso, coches clásicos, animadoras, equipos de fútbol americano y canciones pegadizas. Vi la película sin respirar, completamente flipado, y nunca he salido de aquella alucinación. Me enamoré de esa faceta de la cultura americana. No de los rascacielos, los yupis, la cultura del éxito, la potencia imperial..., sino de la cultura americana pop. Me encantaría vivir en Estados Unidos, pero no en Boston o Los Ángeles, sino en uno de esos pueblecitos que salían en algunas películas, con su bolera y su *diner* de carretera, tomando enormes batidos de fresa y cereales de colores.

Cuando le dije a mi padre que quería ir a Estados Unidos, le cambió la cara. Años atrás el pobre había vivido un episodio traumático en un vuelo. Llegando al aeropuerto de Barcelona, el capitán avisó por megafonía de que el tren de aterrizaje no funcionaba, y que iniciaban el protocolo para un aterrizaje de emergencia. El pánico se apoderó del pasaje. Mi padre intentó mantener la calma, pero era imposible no pensar que algo podría salir mal y terminar en desgracia. Por suerte, en el último momento, con la pista llena de espuma, bomberos y ambulancias, el tren de aterrizaje dio señales de vida y pudieron tocar suelo sin problema.

Esa experiencia le marcó. Subirse a un avión no entraba en sus planes, y menos para cruzar el Atlántico. La solución se la dieron en la agencia de viajes. En lugar de sufrir durante siete horas de trayecto, podían ser menos de la mitad si volábamos en un avión supersónico: el Concorde.

Y allá que nos fuimos montados en esa maravilla de la ingeniería que solo tardaba tres horas en realizar el trayecto París-Nueva York. Yo iba flipando con el cartel que decía que íbamos a Mach 2, dos veces la velocidad del sonido, y mi padre, para controlar su miedo, optó por «chuzarse» a whiskies para no sufrir demasiado. Era un avión pequeño, con solo cuatro asientos por fila, como un *jet* privado, al menos así lo recuerdo. Había comida de alto *standing*: langosta, caviar, salmón ahumado... Yo hubiera sido más feliz con esos platos de pollo con arroz o macarrones recalentados de los vuelos comerciales. Una de las atracciones era visitar la cabina un momentito, y te daban un diploma que acreditaba que habías viajado en el Concorde.

Durante el vuelo entablamos amistad con una mujer francesa que viajaba mucho porque trabajaba para el Banco Mundial. Mi padre era de conversar con desconocidos. Ella salía de París y regresaba a casa en el día, como quien coge el AVE Madrid-Barcelona. Increíble, de un lado al otro del océano en un pispás. Leí que el artista Boy George y otra gente del club de los ochenta empezaban la fiesta en Londres, cogían el Concorde —donde seguían poniéndose finos— y acababan la celebración en las discotecas de Nueva York. Lo de dormir no entraba en sus planes.

Años más tarde ese avión sufrió un accidente mortal. Antes de despegar, chocó con una pieza que había en la pista y explotó. Cuando pasaron las imágenes por la tele con fotos de la tripulación, reconocí a dos de las azafatas. Eran las que me habían acompañado a la cabina del piloto a ver los botoncitos y después me dieron el diploma, que aún guardo, que certificaba que había estado en ese avión. Al ver sus rostros, durante unos minutos se me congeló el corazón. En ese viaje estuvimos en Nueva York y Florida. Y sí, fui a Disneylandia. Esa vez no me lo inventé.

Recuerdo que, en Nueva York, con solo dieciséis años, mi

máxima obsesión era ver el Radio City Music Hall. Mi referencia eran las grandes galas que celebraban allí. Quería ver el escenario, las tramoyas, todo lo que se cocía. Mi padre, en cambio, se fue a visitar el hospital Monte Sinaí.

—¡Aquí todo lo arreglan con pastillas y correas! —dijo.

Mi padre era partidario de una medicina más moderna, menos invasiva. Fue uno de los pioneros en importar a España nuevas tecnologías y avances para la rehabilitación.

No solo me gustaba el Radio City Music Hall, también los musicales de Broadway, las hamburgueserías y todas las cosas estadounidenses que veíamos en las películas y no había en España.

A veces me arrepiento de no haber sido un buen estudiante, porque estoy seguro de que, si mis notas hubieran sido mejores, mis padres me hubieran podido enviar a Estados Unidos a estudiar un año en uno de aquellos institutos de las películas donde los alumnos tienen taquilla y montan el baile de fin de curso, al que el *quarterback* del equipo de fútbol americano acude con la jefa de las animadoras. Pero de pequeño no me sentía mal por lo que hacía, lo veía muy natural.

Tiempo después, cuando empecé en *Club Disney* y gané algo de dinero, invité a mi hermano a visitar San Francisco, Nueva York y otras ciudades. Cuando viajas con un miembro de tu familia durante dos o tres semanas, surge una conexión distinta. Por ejemplo, en San Francisco le dije que quería conocer el famoso barrio de Castro y, por supuesto, le pareció muy bien. Sin decirnos nada, nos íbamos conociendo más. Cuando cumplió los cuarenta, me devolvió la invitación. Aquella vez se apuntó nuestro primo Alex, el mejor compañero de aventuras: siempre animado, con ganas de hacer cosas y todo con un humor e ironía que lo convierten en un espécimen único. La ruta era Chicago, el Gran Cañón y Las Vegas.

La última noche salimos a celebrar el cumpleaños de mi hermano por todo lo alto. Mi padre nos hizo una donación bastante generosa para que fuéramos a uno de esos restaurantes exclusivos y siguiéramos la fiesta en una discoteca de alto *standing*. Y lo hicimos. La cena fue espectacular y la discoteca era de otro mundo. En pleno éxtasis de diversión, y con unas cuantas copas de más, tuve una idea maravillosa. Cogí a mi hermano y a mi primo de la mano y, sin decirles dónde íbamos, los llevé casi a rastras hasta un estudio de tatuajes. Eran las cuatro de la madrugada y en el local no había nadie. De los tres, yo fui el único que acabó marcado de por vida. Me tatué «BRO-D». Supongo que poner «*Brother*» me pareció poco original. Me lo hice en la muñeca y utilicé la tipografía de *Star Wars*, su peli favorita, en su honor. No paraba de decirle: «Te quiero, hermano. Esto es por ti».

Al día siguiente noté el dolor del tatuaje mientras la resaca me destrozaba la cabeza. «¿Cómo he acabado haciéndome un tatuaje? ¿Cómo he llegado a la habitación? Jordi, ¿qué has hecho?».

Fue una gran noche, y siempre tendré un gran recuerdo de ese viaje. El tatuaje me lo recuerda todos los días. Por lo demás, como dice el dicho: «Lo que pasa en Las Vegas se queda en Las Vegas».

Como ya os he dicho, mi hermano se llama Daniel. Somos muy diferentes, el día y la noche, pero siempre hemos buscado la forma de entendernos y querernos. Aunque no siempre fue así. De pequeños, me hacía mil maldades. Cuando yo tendría unos ocho años, un día nos pusimos a jugar en el pueblo de mis tíos y, sin venir a cuento, me encerró en un corral lleno de palomas y gallinas. Mis padres, al ver que mi hermano no volvía conmigo, empezaron a buscarme. Me encontraron en una esquina del corral con todas las palomas encima de mí, lleno de plumas y picotazos. Desde entonces tengo muchísimo miedo a los pájaros, una verdadera fobia: mi intensa «pajarofobia» (en realidad se llama «ornitofobia»). Si me persigue un pájaro, soy capaz de tirarme por una ventana. Cuando veo una paloma espachurrada en el asfalto lo paso fatal, pego un salto que cualquier día me atropella un autobús urbano y me deja como a una de esas aves.

Como, de pequeños, mi hermano y yo no íbamos al mismo colegio, solo nos veíamos al volver a casa, pero de ese espacio íntimo guardo muchos recuerdos. Por ejemplo, de cuando mi padre compraba todos los periódicos los domingos y acababan convertidos en garrotes de papel enrollado que utilizábamos para perseguirnos por casa. Suerte que nuestra habitación tenía una mullida moqueta que muchas veces nos salvó la vida. Al irnos a dormir, me subía a su espalda y me aupaba para coger de la biblioteca libros de las estanterías a los que yo, por altura, no llegaba. Le clavaba el pie en el hombro, forcejeábamos y acabábamos cayéndonos al suelo entre risas. Era casi un ritual a la hora de acostarnos y nos metíamos en la cama de muy buen rollo.

Otra peligrosa costumbre de mi hermano era lanzar cuchillos contra el bol de fruta que había en el centro de la mesa. Como si trabajase en un circo, los clavaba en una manzana o en una pera. El que estaba al otro lado del bol era yo. Lo hacía cuando nuestros padres se giraban para preparar el café o lavar los platos. En una ocasión, erró el lanzamiento y el cuchillo pasó a unos centímetros de mi cuerpo. En otra, estuvo haciendo el tonto con una pistola de balines, apuntando a todo, metiéndosela en la boca, pensando que no estaba cargada. Entonces me dijo:

—¡Jordi! ¡Muerto!

Y me disparó. Un balín se había quedado atrapado y con

tanto meneo acabó por colocarse. Salió con muy poca fuerza, pero me impactó en el pecho. Fue como en una película, aunque no me hizo nada, solo me asustó.

Su cara cambió al instante. Creo que el miedo se apoderó de él. Vino corriendo a abrazarme y, al ver que no me había pasado nada, me dijo que no se lo contara a mamá. Creo que nunca he gritado tan fuerte:

—¡Mamáááááááááá!

Somos hermanos y nos respetamos, cada uno desde nuestro mundo. Tengo claro que su felicidad es la mía. Ver crecer a mis sobrinos y formar parte de sus vidas ha sido uno de los mejores regalos que me han hecho.

6

«Amigos para siempre
(*not just a summer or a spring*)»

Mallorca es una parte muy importante de mi vida. Tengo mucha relación con la isla porque mis tíos viven allí, en Sant Joan, el típico pueblecito mallorquín, con sus contraventanas verdes y sus molinos. Mi tía Maruja, la hermana de mi madre, es como mi segunda madre: de joven se casó con un mallorquín y se fue para allá. En su momento debió de ser un *shock* para la familia: de vivir a cinco minutos a tener que coger un barco o un avión para ir a verla. Yo aún no había nacido, pero aquello iba a convertirse en una gran oportunidad: si la gente se iba al pueblo de vacaciones, yo también, pero al de mi tía. Desde pequeño he pasado muchos veranos en aquellos parajes en los que me encuentro muy a gusto, como en casa. Sant Joan es mi pueblo.

Íbamos toda la familia y nos embutíamos en su casa. Hacía esquina, con su recibidor, su cocina, incluso su pozo. Me encantaba ver cómo cogían el agua, el ruido de las cadenas y del cubo chocando con las paredes. Esa casa me daba paz. Tenía contacto con las raíces, con lo tradicional, con lo que se ha perdido en grandes ciudades como Barcelona. Enfrente de casa de mis tíos vivía la Tata, la mujer que había cuidado a mi tío, de modo que ejercía de abuela paterna de mis primos. Era una mujer mayor que me daba un poco de respeto. Yo era muy pequeño y tengo pocos recuerdos, pero hay una imagen grabada en mi mente: ella cocinaba platos típicos mallorquines y yo me quedaba embobado mirando su rutina culinaria paso a paso. Recuerdo dar vueltas por el pueblo mientras escuchaba el «Se fue» de Laura Pausini por los auriculares, haciendo un *playback* melancólico. Era un sitio fantástico: podía moverme con libertad y había muchos perros. Me gusta el ritmo de vida pausado, las rutinas, la vida humana y amistosa. Soy animal de costumbres sencillas.

Cuando llegué a la adolescencia empecé a ir solo, sin el resto de la familia, y pasaba más tiempo con mis primos. Solía ir en agosto, ya que, debido a mi poco desempeño estudiantil, en julio tenía que acudir a clases de recuperación. En ese mes coincidía con todas las verbenas. Había un cantante, Tomeu Penya, que combinaba la música mallorquina con el *rock'n'roll* clásico y el country. Recuerdo que el año que descubrí las verbenas sacó una canción que se llamaba «Illes dins un riu» («Islas en un río»). Iba por ahí con su sombrero de *cowboy*, su barba y sus botas, cantando canciones que asocio con aquellos veranos. Las primeras fiestas, mis primeras copas, los primeros bailes, incluso las primeras fiestas de la espuma: flipé cuando entré en un bar y estaba de espuma hasta el techo.

Ahora me gusta ir sin avisar, aparecer por allí, llamar a la puerta y sorprender a mi tía. Sant Joan está en medio de la isla, lo que me viene muy bien, porque nadie me da la brasa con ir a la playa, algo que detesto, llena de sol y arena. Sant Joan tiene un olor especial que solo reconozco en ciertos lugares. Quiero acabar mi vida en Mallorca, en una casa de campo con vistas a la serra de Tramuntana, rodeado de muchos perros.

Pero no siempre fuimos a Mallorca. En los noventa mis padres alquilaron un apartamento en la urbanización Rocas Blancas, entre Canet de Mar y Sant Pol de Mar. Allí pasamos veranos y algún fin de semana. Era un lugar increíble, con mucho monte y espacio para hacer cabañas y jugar a todo lo que se te ocurriera. Carles, Santi, Robert, Mireia y Ani eran mi pandilla. Como mis notas seguían siendo un desastre, me pasaba las mañanas estudiando para los exámenes de recuperación y a la una del mediodía podía ir a la playa hasta la hora de comer. Tenía la tarde libre.

Hubo un verano muy especial. En nuestra ciudad se iba a celebrar el evento deportivo más importante del mundo: los Juegos Olímpicos de Barcelona 92. Las Olimpiadas transformaron una ciudad que vivía de espaldas al mar, cambiaron muchos barrios, levantaron grandes estadios e instalaciones deportivas, pero, sobre todo, generaron toneladas de ilusión. Vivirlo de niño ofrecía una emoción extra. Cómo olvidar aquella ceremonia de inauguración, cuando la llama olímpica fue disparada por el arquero Antonio Rebollo para prender el pebetero. Aquellos Juegos, junto con la Expo de Sevilla o la capitalidad cultural europea de Madrid, supusieron la entrada definitiva de España en el mundo moderno, dejando atrás el gris de otras épocas. España estaba de moda.

La ciudad entera se volcó en los Juegos, se engalanó y vinieron personas de todo el planeta. Se llenó de banderolas y la llama olímpica se paseó por todos los barrios. Hubo movimientos de voluntarios, muchas empresas colaboradoras, todos querían participar. Tuve la suerte de implicarme: mi padre fue el máximo responsable de las comunicaciones en el Palau Olímpic de Badalona, donde se celebraban los partidos de baloncesto, es decir, donde jugó el famoso *Dream Team* con los mejores jugadores de la NBA, como Michael Jordan, Larry Bird o Magic Johnson. Mi padre tuvo que entregar unos pósteres oficiales a Jordan y Magic. Conservo la foto, ellos tan altos y mi padre allí, con su chaqueta de siempre. Luego nos llevamos a casa las banderitas que tenían los jueces en la mesa durante la competición.

Como mi padre formaba parte de la organización, teníamos invitaciones para asistir, pero no solo en el Palau Olímpic de Badalona, sino en toda la ciudad. Me harté de ver esgrima, natación, salto de pértiga, boxeo, halterofilia y todo lo que pude. Lo viví mucho. Vinieron mis primos de Mallorca: Marta, Tomeu y Nino. Nos dividíamos en equipos y nos pasábamos todo el día fuera de casa disfrutando de las olimpiadas.

Los periodistas de todo el orbe terrestre estaban allí. Mi padre tenía que lidiar con eso. La cadena estadounidense NBC se presentó en el Palau Olímpic de Badalona y quiso tener un puesto privilegiado para retransmitir los partidos, un buen set, una buena butaca para el presentador, pero sobre todo no querían que se perdiera la señal y dejar a millones de espectadores sin ver a sus estrellas en la cancha. No paraban de agasajar a mi padre, y le invitaron a cenar con mi madre a la sede de la delegación americana, que estaba instalada en un crucero en el puerto, como si fueran altos mandatarios. Yo estaba fascinado con el «brilli» de todo lo estadounidense. Mi padre, no tanto. Su responsabilidad era que la competición llegara a todo el mundo, no solo a Estados Unidos.

Al acabar los Juegos Olímpicos, llegaron los Paralímpicos. La ciudad se volvió a volcar. Tuve la suerte de ir a la inauguración con mi vecina Maricarmen. Juntos, vimos cómo Antonio Rebollo, atleta paralímpico, volvía a hacer magia con esa flecha en llamas que encendería de nuevo el pebetero.

Cuando recuerdo los Juegos, me lleno de melancolía y nostalgia, me emociono. Fue una experiencia muy hermosa para mi familia, sobre todo para mi padre... Todo el planeta nos miraba.

En esa época empecé a pensar que, detrás de esas maravillosas ceremonias, tenía que haber una persona dirigiendo, pensando, creando, y un equipo remando en la misma dirección para convertir esa idea en realidad. Se iba instalando en mi cabeza el concepto de emocionar al público utilizando el mundo del espectáculo y la imaginación.

Esa nueva dimensión abrió una puerta en mi cabeza que nunca he podido cerrar. Cuando estaba con mis amigos o con ciertos grupos de gente, había cosas que no me provocaban las mismas emociones. Lo que me tenía que entusiasmar con dieciséis años no me llamaba la atención. Mientras pasaban esas cosas, mi mundo estaba en otra parte, no era aquel, no era este. Estaba convencido de que eso me hacía especial. Pensaba que tenía superpoderes. No me refiero a volar o disparar rayos láser con los ojos, claro, sino a otro tipo de superpoderes. Todavía me pasa: puedo estar viendo una obra de teatro o un programa de televisión durante dos horas, y mientras mi cabeza está flotando en otros lugares.

En vez de sentirlo como una carga —como les pasa a muchos superhéroes de cómic—, en lugar de sentirme señalado o marginado por no vivir lo mismo que los demás, siempre me ha pasado al revés, creo que soy afortunado. Mi salvación era y es llevarlo casi en secreto. Pocos amigos o amigas conocían todas las locuras creativas o ideas estrambóticas que salían de mi cabecita. Tenía otros planes, sabía perfectamente a qué me quería dedicar, pero no lo podía decir para no parecer un creído o un loco: era como Spiderman o Superman, con una identidad secreta.

7

Dieciocho años

El día que cumplí los dieciocho estaba estudiando COU, y en medio de una clase me dio un arrebato de los míos. Me levanté.

—Tengo que irme —dije.

No sé por qué, fue un impulso raro. Solo era consciente de que no podía estar en esa aula con todos mis compañeros tomando apuntes. No podía concentrarme. Me ahogaba el peso de asimilar que ya era mayor de edad. Sentía que los dieciocho habían llegado demasiado pronto y que a partir de entonces todo iba a ir muy rápido.

Al salir por la puerta del instituto, pensé: «¿Dónde voy?». Y me acordé de un profesor del Virolai.

Carles Alcaide, un tipo serio con barba canosa y gafas de pasta. Su asignatura principal era Latín, pero también impartía los talleres de Historia del Arte. Su pasión al contar el proceso de creación de las grandes catedrales me fascinó. Me encantaban esos edificios mastodónticos construidos a través de generaciones y generaciones, llenos de hermosura y misterios. A veces se caía una catedral y la volvían a construir con total entrega, era alucinante. Me parecía uno de los grandes hitos de la Humanidad. Pura magia.

Durante ese curso fuimos de visita a la catedral de Girona y luego hicimos un trabajo. De todos los edificios que había visto, era mi favorito. Ese lugar me dio tanta paz que creo que en ese momento de huida pensé que sería un buen lugar, así que acabé cogiendo un tren con destino Girona.

Cuando llegué a la estación, me fui directo a la catedral. Estuve un buen rato sentado en su majestuosa escalinata y después volví a casa. Y ya está. Supongo que necesitaba irme a un lugar con tantos años de historia para poner el contador a cero. Ya había cumplido los dieciocho. Era mayor de edad. Empezaba la aventura...

Pasada la crisis, me centré en las clases y en prepararme para ir a la universidad. Estudié COU en otro centro, lejos de mi Radio Virolai y de la montaña desde donde se veía toda la ciudad. Yo seguía siendo el mismo chico con la cabeza llena de aventuras y superpoderes para crear e imaginar. Pronto descubrí que no todo el mundo lo veía igual.

En las clases de Historia nos dijeron que había que ser originales en las pruebas, porque los examinadores leían muchas, lo que les resultaba tedioso, y había que destacar. Pensé: «Si hay que ser original, han dado con la persona adecuada». Llegó el primer examen: «Roma y su impacto en la Historia del Arte». Lo entregué feliz, pensando que lo había bordado. Luego me lo devolvieron corregido con una nota de cero patatero. Me dijeron que me estaba riendo del profesorado y de la asignatura. ¿Qué había pasado? Pues que había activado mi modo «sé original» y había redactado el examen como si fuera un viaje, como si yo fuera un guía turístico contando las maravillas de Roma.

Ese intento por ser «original» les pareció fatal. Creo que dejé en aquella prueba algo de mi espíritu de comunicador, de buscar nuevas formas de llegar a las personas, aunque no le gustase al examinador. Hoy, que se habla tanto del aprendizaje por proyectos y otras formas de enseñanza de vanguardia, quizá mi examen no hubiera estado tan mal visto.

Aquel año nos dieron charlas sobre cómo funcionaba el sistema universitario. Cuando me dijeron que podía elegir una primera opción para mi carrera, una segunda y una tercera incluso, me pareció rarísimo. Me sonaba a jugar a la lotería con el destino. Tenía claro lo que quería hacer en la vida, me costaba entender que debía marcarme un plan B y un plan C sin saber si iba a conseguir el plan A. ¿Para qué iba a elegir caminos que no me llamaban, posibles vidas descafeinadas, existencias subalternas? Deseaba que mi vida fuese como yo quería.

Me moría por dedicarme a la comunicación, al espectáculo, a todas aquello que sucedía en mi mundo interior. Confiaba en mis superpoderes, pero el camino no estaba claro. Por ejemplo, veía que mis compañeros querían ser médicos o arquitectos, y sabían qué pasos debían seguir. En mi caso, lo más parecido era la carrera de Comunicación Audiovisual, pero claro, con mi irregular desempeño durante los estudios (por decirlo finamente), ni de broma llegaba a la nota de corte, que rondaba el siete.

Mis padres me ofrecieron ir a la universidad privada, pero no me parecía justo. Ya habían gastado suficiente en profesores particulares y clases de repaso. Me sentía muy responsable por no haber estudiado: tenía que apechugar. Por otro lado, me atraían las historias sobre la universidad pública: libertad, autonomía, independencia... Y también, cómo no, la cafetería.

El mundo del espectáculo también era muy difuso. Está claro lo que hace un abogado o un ingeniero, pero alguien con mi vocación podía acabar en cualquier sitio. Me dije: «Jordi, necesitas un año sabático para ponerlo todo en orden, aclararte, probar y ver qué haces».

Y me di la razón a mí mismo. Un día, estudiando para selectividad (supuestamente, porque no me concentraba) en la biblioteca de la Universidad Pompeu Fabra, me dio un vuelco en el corazón. Cerré los libros, crucé Barcelona en autobús hasta el barrio de La Trinidad y me fui a ver a mi abuelo para que me explicase cómo podía pedirle ese año sabático a mi temible padre sin que se cayera el cielo sobre nuestras cabezas.

Fui a su casa, y mi abuela me dijo que mi abuelo estaba en el centro de día, pasando el rato. Así que me dirigí al centro de día para jubilados donde jugaba al dominó con los amigos y le pedí que me acompañase a dar una vuelta. Me gustaba mucho hablar con él. Siempre me han atraído las charlas con la gente mayor, hablar del pasado, aprender de los que nos preceden. Aquel día, además, me esperaba una revelación:

—Tu padre también dejó de estudiar en un momento dado —me dijo—. Se cansó de los libros y se puso a trabajar. Su idea era encontrar su camino después... Y le di permiso: si quería trabajar, que lo demostrase. Y se buscó un empleo.

¡Así que mi padre había hecho lo mismo que yo! Dejó de estudiar y se puso a reparar televisores. Eso me venía fenomenal: tenía un sólido argumento que dar a mi progenitor. Era su deber moral dejarme probar la ruta vital que él ya había transitado. Quizá sin el dato que me ofreció mi abuelo no me hubiera atrevido a ir a ver a mi padre, un alto directivo de una gran empresa, para pedirle aquella locura. Quería que me diera un año sabático, pero no para tocarme las narices ni para dedicarme a la vida contemplativa, sino para crear.

De inmediato me fui a Badalona, que no estaba muy lejos, al edificio donde trabajaba mi padre. Era el momento: estaba bloqueado estudiando y decidí jugármelo todo a una carta. Cuando llegué, le dije a la secretaria de quién era hijo —era la primera vez que pisaba aquel despacho— y que quería hablar con mi padre. Ella, al verme allí plantado y algo agitado, debió de pensar que era urgente, de vida o muerte, y sacó a mi padre de una reunión.

—Pero, hijo, ¿qué pasa? ¿Qué te ocurre?

—Papá, no quiero estudiar un año más —le dije—. Necesito meterme en el barro, hacer todo lo que se me pasa por la cabeza. Y te prometo que, si me dejas, será así. No me quedaré en casa viendo la tele. Palabra.

La negociación fue muy rápida, como siempre con mi padre. Me dijo que trato hecho, que si aprobaba la selectividad dispondría de un año libre para dedicarlo a lo que quisiera. Y lo conseguí. Un milagro. A la primera. Con un cinco «pelao». Cuando me dieron la nota, sentí la libertad más grande de toda mi vida.

Tenía por delante trescientos sesenta y cinco días para hacer realidad todos mis planes.

8

Un año sabático nada sabático

Cuando le enseñé a mi padre aquel cinco que había conquistado heroicamente en la selectividad, se quedó más o menos satisfecho. Más o menos. Para ayudarme en la medida de sus posibilidades, me dio el teléfono de los responsables de una tele y una radio locales de Barcelona.

—Ahora te toca a ti. Seguro que los convences y te hacen un sitio —me dijo mientras me ponía la mano en el hombro, como si estuviese nombrando caballero a un escudero.

Mi madre siempre me apoyaba en todo. Al ver que mi padre y yo habíamos llegado a un acuerdo, pensó que mis ensoñaciones televisivas serían pasajeras, y que tarde o temprano trabajaría en el negocio familiar previo paso por la universidad.

Mi primer empleo me lo dieron en una tele local, Clot Tv, del barrio barcelonés de El Clot. Antes, cada distrito tenía su televisión local, era muy bonito. El lugar era muy original, un piso en un edificio cualquiera, un espacio pequeño con la distribución de una vivienda. Los trípodes, las cámaras, los micrófonos... se guardaban en el baño. El estudio estaba en el comedor. Todo muy casero.

Poco después me hicieron una entrevista en la radio. Fue en la emisora de Sants-Montjuïc, el barrio en el que estaba el Estadio Olímpico: detrás de la montaña, en un sitio remoto llamado El Polvorín al que solo llegaba un autobús de línea. Allí estaba la radio local.

Llegué a las diez de la mañana, medio dormido después de bailar toda la noche. Iba con unos pantalones de cuadros, unas botas Dr. Martens y una camiseta de *101 dálmatas*, corta de cintura, que dejaba ver el ombligo. Así era la moda en aquellos tiempos. Nada más que añadir.

Cuando me escucharon, me preguntaron si podía empezar al día siguiente. Se ve que la experiencia en la radio del colegio había servido de algo. Me pusieron a hacer el turno de los novatos, el del mediodía, poniendo radiofórmula. La gente llamaba, y a veces hablábamos de temas varios, como de la serie *Agujetas de color de rosa*, mi favorita en aquella época. El director y ahora uno de mis mejores amigos, Joan Barutel, se volvía loco.

—Jordi, te escucho desde casa y me dan ganas de venir a decirte que te centres en lo que tienes que hacer —me decía.

—Bueno, si no vienes es porque seguro que te enganchan las «charletas» que me monto con los oyentes.

Además, decidí apuntarme a algo con un horario fijo para mantener ciertas rutinas, así que me matriculé en una conocida escuela de teatro musical de la ciudad llamada Memory, cuyos dueños montaban algunos de los mejores musicales de Barcelona. De ella salían muchos profesionales reconocidos.

Cada día tenía clase de diez de la mañana a una del mediodía. Luego corría a la radio y después a la tele. Fue un año frenético: salía de casa a las siete de la mañana y volvía de madrugada.

En la tele pasaba mucho tiempo. Llegaba sobre las cinco y me quedaba allí hasta pasada la medianoche viendo cómo se grababan los programas, cómo los editaban, el ritmo frenético de los medios de comunicación, aunque fueran tan pequeños como aquel. Allí aprendí sobre sonido, imagen, iluminación y qué era un Betacam o un RSD. Era como lo que imaginaba cuando me montaba programas en mi habitación, aunque en plan profesional. La precariedad de medios, eso sí, era parecida; no dejaba de ser un piso transformado en un estudio de televisión.

El único sueldo que recibía era lo que me daban para pagarme el abono de transporte. Por mí, perfecto. Tantos viajes de un lado a otro de Barcelona se notaban en el bolsillo.

Ese año hice de todo, incluso me tocó cubrir las elecciones de Cataluña. Como era nuevo, me mandaron a la sede de Esquerra Republicana en una época en la que no sacaban demasiados votos. Luego me dijeron que, de todas las conexiones, las más divertidas eran las mías, en parte porque estaba en el sitio de los perdedores, mariposeando por allí y comiendo canapés. Se notaba que disfrutaba. Todo me hacía ilusión.

También entrevisté a la banda británica Blur cuando vinieron a tocar a la mítica sala Zeleste; el grupo empezaba a ser conocido gracias a su disco *Parklife*. Años más tarde, en el festival de Benicàssim, flipé con la nueva banda del *frontman* de Blur, Damon Albarn, llamada Gorillaz. Recuerdo ese año con ternura. Es una pena que ya no existan las teles locales... Eran espacios muy libres de creatividad y cooperación donde cualquiera podía participar.

En la escuela Memory entré en preparatorio: éramos los novatos. Algunos no sabían cantar, otros no sabían bailar, estaban los que no sabían interpretar, y luego yo, que no sabía hacer nada, pero le echaba mucho morro. Éramos un poco desastre. Como siempre me habían gustado los musicales, me lo tomé como una formación agradable. En esa academia fui un poco rebelde, así que me acabaron expulsando... o quizá me fui yo.

Los amigos del colegio me dijeron que la gente del teatro era muy libertina, muy sexual, muy borracha, muy desparramada, que vigilara dónde me metía. Esa era la imagen que solía tener el mundo de la farándula. En ese caso, tenían parte de razón. Fue un año muy bohemio. Formamos un grupo de amigos de todos los cursos, una pandilla muy viva y activa. Íbamos a tomar cañas y absenta, a ver obras de teatro en sesiones golfas, etc. Muchas cosas que no me habían interesado antes empezaban a llamarme la atención. Conocí a personas muy diferentes e interesantes. Una de mis compañeras del teatro, Marta, tenía un piso para ella sola, y pasamos allí mucho tiempo montando fiestas locas en las que cantábamos, tocábamos la guitarra y dormíamos todos revueltos. Amé por primera vez y pude reafirmar lo que siempre supe de mí y que nunca había explorado por falta de información. Otras personas iban entrando en aquel mundo de fantasía en el que yo vivía desde niño y en el que creía que era el único habitante. De pronto, otros me acompañaban. Fue como una revolución, una etapa por la que supongo que pasan muchos jóvenes, y que es necesaria y hermosa. Además, durante aquellos años mis padres confiaron en mí, nunca me hicieron preguntas, no me cuestionaron.

Entre bailes y primeros besos pasó el verano de 1996. Llegaba septiembre, y mi padre me recordó la promesa que le hice. Sabía que estaba a punto de pasar algo en mi vida, pero los tratos hay que cumplirlos, así que me tuve que matricular.

Aquel día me encontré con un gran ajetreo de jóvenes adultos que miraban corchos, recorrían pasillos, rellenaban impresos... Eran unos momentos emocionantes en los que se decidía el futuro, el comienzo de una nueva y ansiada vida. Sin embargo, en medio del jaleo, me ausentaba, me abstraía y se formaba a mi alrededor una burbuja de silencio, como en las películas. Todo sucedía a cámara lenta. Pensaba: «Jordi, esto no es para ti».

Me apunté a Filología italiana, una carrera con una nota de corte muy baja y una matrícula muy barata, es decir, perfecta para mis expectativas de dejar aquello cuanto antes. Además, no le quitaba el puesto a nadie. Recuerdo estar sentado en clase mientras la profesora de Literatura contaba con toda la mala leche del mundo los horrores académicos que nos esperaban, los trabajos que había que hacer, lo duro que iba a ser... Yo miraba a mi alrededor y estaba convencido de que no iba a hacer ningún trabajo, como finalmente ocurrió. Al menos puedo entender las cartas de los *ristorantes* y las pizzerías.

El curso empezó en septiembre. Lo confieso: solo fui un día. Entre la radio y la tele, no tenía tiempo para más. No les dije nada a mis padres. Seguía confiando en mis superpoderes.

A finales de octubre, unos cuantos amigos nos reunimos en casa de alguien. Recuerdo que estábamos viendo *La boda de Muriel*, mi película favorita, y Miguel llamó a la puerta. Era el más avanzado del grupo y ya se estaba buscando la vida. Venía de hacer *castings* en Madrid y trajo información jugosa:

—En Madrid están buscando gente para presentar *Club Disney*. Hay que mandar una cinta grabada para ver si les interesas.

Desde que oí esa frase, mi cabeza comenzó a maquinar. Al día siguiente, pedí en la tele local que me ayudaran a grabar aquella cinta de vídeo. Así lo hicieron, y de ahí salieron cosas muy importantes.

9

El día más feliz de mi vida

En cuanto me enteré de que había un *casting* para *Club Disney*, corrí a ver a mi compañero de Clot Tv, Pol Turrents, que hoy es un gran director de fotografía.

—Tengo que hacer un vídeo para Disney. Tiene que ser superpotente y superguay —le dije.

—Vale —me respondió.

Club Disney era el programa estrella de la programación infantil en nuestro país. Empezó a emitirse en 1990, las tardes de los sábados. El formato era una versión del famoso *The Mickey Mouse Club* americano. El decorado recreaba el universo Disney con casas y montañas redondeadas, todo en colores pastel, con el omnipresente ratón Mickey. Lo presentaban unos jóvenes con sonrisa Profidén de oreja a oreja. Sus guiones eran muy amables, todo muy naíf. Durante la emisión, ponían series de dibujos animados y jugaban a distintos juegos.

Yo era seguidor del programa y de su presentadora, Mónica Aragón. Era de mis favoritas. Al verlo, nunca pensé que sería mi primer trabajo en televisión.

Mi experiencia en el mundo del *casting* era nula. Para ser sincero, solo había hecho dos pruebas: una para *Los 40 TV* —no me cogieron por tener demasiada energía— y otra en una audición con un jovencísimo Juan Antonio Bayona. El que años más tarde se convertiría en uno de los mejores directores de nuestro país buscaba actores para los primeros cortos que hacía en la ESCAC (Escuela Superior de Cine y Audiovisuales de Cataluña). Me presenté y me cogieron. Creo que hice dos cortos con él, o uno dividido o en dos partes. De aquella experiencia no tengo muchos recuerdos, solo correr marcha atrás al lado de un tren para crear el efecto de que lo superaba y rodar una secuencia en un descampado, en la que yo hacía de un trabajador sexual con movidas familiares al que de pronto se le aparecía su padre como cliente.

Pol y yo grabamos un vídeo de diez minutos para *Club Disney*. Incluía partes de series y partes de reportajes. No sabía qué habían mandado otros candidatos: una presentación, una muestra de trabajos anteriores... El caso es que me lie la manta a la cabeza y envié una maqueta de lo que iba a ser el programa, según lo había entendido.

En esa nueva etapa de *Club Disney*, el programa entraba en los noventa y querían darle un aire más macarrilla. La idea, pura ficción, era que los presentadores conseguían piratear la señal de TVE y emitir su programa pirata desde el garaje de uno de ellos. Con esas premisas realizamos nuestro vídeo, añadiéndole interferencias, efectos de sonidos y demás. Yo lo presentaba, daba entrada a las secciones, etc. Recuerdo aquella noche de trabajo muy pasional, hasta altas horas de la madrugada, como si estuviera trabajando en el gran proyecto de mi vida. En realidad, a aquellas alturas era algo así. Quedó un vídeo fantástico.

Mandé la cinta a una dirección que supuse de Disney, pero no lo era. Correspondía a la agencia de representación que llevaba a mi amigo. Lo que hicieron los muy astutos fue ver el vídeo, evaluar su potencial, quitar la etiqueta con mis datos, poner la suya, y mandarlo a Disney sin decirme nada. Por eso más tarde me vi obligado a firmar un contrato con esa agencia. Así es el negocio del espectáculo, lleno de recovecos y subterfugios. Por suerte, dejaron mi número de teléfono en la cinta.

A los pocos días, Disney me contestó. A media mañana sonó el teléfono:

—Jordi, nos ha encantado tu cinta y nos gustaría verte.

—¡Qué alegría! Claro, sin problema... ¿Cuándo sería?

—Hoy.

—¿Hoy?

Así funcionan las cosas en el *show business*. La cinta había llegado el día que estaban enfrascados en el *casting* final. Los jefes enloquecieron con lo que les mandé y quisieron verme enseguida, pues necesitaban tomar una decisión al acabar la jornada.

Al parecer, por pura chiripa, en mi vídeo había acertado con muchos de los elementos que habían pensado para el programa. De hecho, llegaron a sospechar que hubiera tenido acceso a información privilegiada, pero no fue así.

Cuando colgué, llamé inmediatamente a mi madre, que en aquella época trabajaba en la empresa familiar, y le conté la historia. Estaba muy liada y no podía salir del trabajo y darme el dinero que necesitaba para comprarme el billete —que no era barato—, y yo tampoco podía perder tiempo yendo a por él, así que se nos ocurrió un plan: que le pidiese el dinero prestado a la panadera, la persona de confianza más cercana en aquel momento.

Mi madre llamó para avisarla y yo bajé a por la pasta, el equivalente a muchas barras de pan. Tenía que ir a Madrid en ese momento y lo hice. Este tipo de decisiones marcan un antes y un después: podría haber dudado, haber dicho que era muy precipitado, haber pensado que era un viaje en balde... ¿Y si no me cogían? Pero nada de eso se me pasó por la cabeza. Fui al aeropuerto y cogí el puente aéreo. Eso me cambió la vida.

El avión iba lleno de ejecutivos, los mismos que tantas veces iba a encontrarme en el futuro. El puente aéreo es un servicio de vuelos Barcelona-Madrid y viceversa en el que no tienes asiento asignado. Los primeros que llegaban cogían el vuelo y los demás debían esperar al siguiente. En ese momento solo existía el AVE Madrid-Sevilla, así que el avión era la forma más rápida de moverse entre la capital y la Ciudad Condal. Salía uno cada hora durante el día y cada treinta minutos en las horas punta. Cuando empecé a trabajar en Disney, lo cogía mucho, sobre todo a primera hora. Recuerdo estar entre muchos ejecutivos, ellos tecleando en sus ordenadores, manteniendo insidiosas llamadas telefónicas, y yo casi en pijama, dormitando sobre la pequeña almohada que solía llevar.

Tomé el vuelo de las dos de la tarde y llegué a Madrid a primera hora de la tarde. Me dirigí a un gran rascacielos, muy alto; en la última planta se celebraba el *casting*. Allí estaban los demás finalistas: mi amigo Miguel y un actor que luego se haría famoso por la serie *Al salir de clase*. Entre las tres finalistas estaba Elena Ballesteros, que se convirtió en mi compañera. Nada más llegar, a Alberto, el que sería mi jefe, se le cayó el café en la camisa blanca y se puso a maldecir. Pensé que era una mala señal, un aviso del destino.

Me hicieron una prueba bastante salvaje: tenía que presentar no sé qué o entrevistar a no sé quién, todo muy loco. Me faltaba experiencia en *castings*, en soportar la presión, pero hice lo que me mandaron. Después de tanta tele y radio local, tenía buenas dotes para la improvisación. Terminó la prueba y me volví a Barcelona en el puente aéreo. Al regresar a casa, mis padres me esperaban en el recibidor.

—Bueno, ¿cómo te ha ido? ¿Cómo lo ves? —preguntó mi madre temerosa.

Para mis padres, aquello era un «saltarse las normas». El año sabático había terminado y yo, para ellos, estaba en la universidad, pensando en mi futuro.

—Creo que me ha salido bien. Me han dicho que, si me escogen, me llamarán para comunicármelo.

Tenía buenos presentimientos, pero no lo quería decir. Quizá era la última oportunidad de hacer realidad mis sueños. Sabía que mis padres habían hecho un acto de fe al dejar que me presentase al *casting*. Debían pensar: «No lo van a coger y así se le quitarán los pajaritos de la cabeza».

Después de ese día tan loco, cené un bocadillo de lomo que me había preparado mi madre y me fui a dormir. Estaba agotado con tanto avión.

Pasaron dos semanas y el teléfono no sonó. Estaba claro que no me habían cogido.

Una tarde, mientras hacía el programa *Sin problemas* en la radio local, llamaron al estudio de control y el técnico me dijo que era para mí.

Cuando recuerdo este momento, aún lloro. Me levanté de la silla. Chelo y mis compañeros me miraron con cara de «Por favor, que sean buenas noticias». Salí del estudio y entré en la cabina del técnico. Sonaba «El 28» de La Oreja de Van Gogh. Levanté el auricular.

—¡¡¡Que te han cogido, te han cogido, te han cogido, te han cogido, te han cogido!!!

Era mi madre, desgañitándose, ilusionada porque había recibido la llamada con la buena noticia: era la alegría máxima, la quintaesencia del orgullo materno, y eso que significaba que su hijo se iría a Madrid a trabajar con diecinueve años recién cumplidos y dejaría la universidad. Para ella, era el colofón a todos aquellos momentos viéndome hacer *shows* en casa, ilusionado con la tele o con la radio. Por fin había encontrado mi camino, mi pasión se había materializado.

Rompí a llorar. Le dije a mi madre que la llamaría en un rato y colgué. Volví a mi sitio. «El 28» estaba a punto de acabarse. Se encendió mi micro y, con la emoción en la garganta, pude decir:

—En estos momentos soy la persona más feliz del mundo. Me acaba de llamar mi madre para comunicarme que voy a ser el próximo presentador de *Club Disney*.

Mis compañeros empezaron a gritar y me dieron la enhorabuena. Aquella emisión, claro, se fue al garete. ¡Me habían cogido para presentar *Club Disney*! El programa de radio pasó a manos de una jovencísima Ruth Medina, que años después sería mi compañera y mentora en Cadena 100.

Pero la cosa no acaba ahí. Mi padre me llamó y me citó en su despacho. Le habían mandado el contrato y las condiciones económicas por fax. Me dijo:

—Jordi, hijo mío, te van a pagar cien mil pesetas (o lo que fuera, mucho).

—¡Qué bien, cuánto dinero! A ver qué hago con esas cien mil...

—Jordi, ¡cien mil por programa! Vas a ganar casi un millón de pesetas al mes.

A mi padre no lo deslumbraron las cifras televisivas, pero comprendió que aquello iba en serio. A los dos días estaba en Madrid firmando el contrato. Para ese momento tan señalado, mi padre me regaló una suntuosa pluma Montblanc. Estaba orgulloso de que hubiera conseguido mi objetivo y de que hubiese aprovechado el año sabático no tan sabático, y eso que mi familia no es de esas en las que se felicita cuando lo haces bien ni se da la enhorabuena.

En el tren hacia Madrid mi padre, infatigable en sus propósitos, me propuso un plan: que hiciese el programa un año y que, al siguiente, retomase los estudios. Que fuera una experiencia bonita, ansiada, pero pasajera. Una anécdota que contar en el futuro.

Vio mi cara y cambió de discurso:

—Perfecto. Vamos a firmar tu primer contrato. Solo te pido una cosa. Disfruta de esta experiencia, pero hazme un favor: mejor no te lo creas.

Mis padres tenían miedo de que su hijo se volviera un creído egocéntrico, de que no funcionase o de que me llevase un chasco. Pero no fue así.

10

Madrid y Barcelona

En realidad, ya había estado en Madrid en una fiesta de vampiros. Miguel, el que me había pasado la información del *casting* de *Club Disney*, había invitado a Barcelona a unos amigos de Madrid. Entre ellos estaba Patricia, y la química con ella fue instantánea. Nada más conocernos, me invitó a su cumpleaños, la citada fiesta vampírica. Fue una primera experiencia capitalina muy sangrienta. Fuimos por Halloween y nos lo pasamos muy bien haciendo el tonto, vestidos de conde Drácula. Conocí a los amigos de Patricia: Valentín, Manolo, Elena, Ricard, Ángel, Mara.

Poco después volví a la capital como futuro presentador a punto de firmar un contrato, como uno de los miles de personas que van a trabajar allí. Esos chicos se convirtieron en mis amigos. Y con los años muchos de ellos ya son como mi familia.

Lo bueno que tenía *Club Disney* es que media grabación se hacía en Madrid —reportajes, entrevistas, parodias...— y la otra mitad, todo lo que conllevaba un decorado, en Barcelona, en los estudios de Televisión Española de Sant Cugat.

Pasaba la mitad del tiempo en una ciudad nueva, Madrid, y la otra en mi lugar de siempre, con mi vida de siempre. En la capital tenía una casa para mí solo. La idea de volver a la de mis padres durante las estancias en Barcelona no era descabellada, pero quería mantener la independencia de Madrid. La solución fue alquilar un piso en la Ciudad Condal. Veinte años y dos viviendas. Suena a derrochador, pero eran dos casas pequeñas con alquileres muy baratos. No necesitaba grandes lujos. Asumir ese gasto ahora sería prácticamente imposible.

Los días de grabación me quedaba a dormir en el hotel que hay justo en la puerta de los estudios. Era como la concentración de un equipo de fútbol. Veinticuatro horas juntos. Mañana, tarde y noche. Me iba bien. Sobre todo por las noches. Saber que nos «vigilaban» desactivaba cualquier plan de fuga. No es que haya sido un bala perdida, pero con veinte años lo que más te apetece tras un largo día de grabación es salir con los amigos. No dormir no era un problema. Las resacas no existían.

En Barcelona, frecuentaba un bar que se llamaba Satanassa. Era mi local favorito. Abría todos los días de la semana. Perfecto para ese martes de cena improvisada que se alarga con unos chupitos y termina con un «¿Nos tomamos una copa en algún sitio?».

Al local se entraba por la zona de la barra, pasabas por un pasillo lleno de esculturas esculpidas en la pared y terminabas en una pista pequeña pero perfecta para realizar nuestros bailes. Era el tamaño ideal para que, con quince personas, tuviera color. Una vez al año hacían «La fiesta del agua». Como no tenía fecha exacta, tú ibas tan tranquilo y, al entrar, te tiraban un cubo de agua encima: ese era el día de la fiesta. Ya no había marcha atrás. En el interior estaba todo protegido con plásticos. Te daban una pistolita de agua y te pasabas toda la noche jugando. Recuerdo que, con mi amigo David, llenamos de agua hasta arriba un cubo de basura de los grandes. Supongo que la pistolita se nos quedó corta... Pesaba tanto que, al salir del baño, se derramó toda por el suelo. Consecuencia: se fue la luz. Se apagó la música. Se acabó la fiesta. En otra ocasión salté del pódium con una cerveza en la mano... La botella impactó en la cabeza de un musculitos. Se rompió en mil pedazos, pero él ni se inmutó. Todas esas historias surrealistas e imposibles pasaban en ese lugar.

Al principio de emitirse *Club Disney* la gente no me reconocía por la calle. El proceso fue, por suerte, gradual. Mis amigos y yo íbamos a discotecas y nos poníamos en la cola como todo el mundo. Eso de ir al de la puerta y mirarle con cara de «¿Sabes quién soy?» nunca me ha gustado ni lo he hecho.

Una noche fuimos a la inauguración de una nueva sala de baile, Discotheque. Todo el mundo hablaba maravillas de la decoración, la música y la animación. Las expectativas estaban por las nubes y se esperaban colas infinitas. Llegamos temprano. La sala tenía un estricto código de vestimenta. Nada de ropa formal o aburrida. Querían color y fantasía. El portero empezó a recorrer la cola y a los que veía que no iban a entrar se lo decía para que no perdiesen el tiempo. Cuando llegó a nosotros, se me quedó mirando y me dijo:

—¿Tú qué haces en la cola?

No sabía qué contestarle. ¿Ese portero de dos metros de alto con cuerpo de toro me había reconocido? ¿Veía programas infantiles?

—Anda, pasad por aquí —dijo al tiempo que nos señalaba la entrada VIP.

Mis amigos entraron y, al llegar a mí, me detuvo con la mano y me dijo:

—La próxima vez tráete un reloj de esos que sorteáis, para mi hermano. Le gusta mucho tu programa.

Así que empecé a trapichear con *merchandising* de *Club Disney* para tener feliz al portero y entrar sin problemas. Fue un momento muy curioso que confirmaba mi teoría de que era mejor no ir de famoso y esperar a que las cosas pasaran.

Aquellas noches en Barcelona con Laura, Ana, Peque y David eran infinitas. Pisaba la pista y no me movía de allí en toda la noche. Luego todos volvíamos a mi casa y al día siguiente desayunábamos juntos.

La noche de Madrid no se quedaba corta. Como en Barcelona, era de salir más entre semana, porque trabajaba los «findes» y porque en Madrid se podía trasnochar cualquier día, incluso conocer a mucha gente. Nuestro local de referencia era el Why Not, en el barrio de Chueca, donde se bailaba cada noche. Era muy divertido y te encontrabas con personas geniales.

Empezaron a abrir más bares y locales. Recuerdo uno que se llamaba Liquid, un sitio con pantallas donde emitían videoclips y su música sonaba por los altavoces. Algún problema de *copyright* tendrían, porque a veces los vídeos eran muy desconocidos. Sin Shazam, estábamos perdidos. Ahora nos quejamos del tiempo que pasamos mirando pantallas, pero en ese bar era imposible mantener una conversación porque las teles te distraían todo el rato.

De la fiesta madrileña me gustaba la sensación de parroquia, de conocer a los camareros, de pedir alguna canción al pinchadiscos y al momento sonara en la pista. Yo vivía la noche como algo festivo, no como algo sórdido. Igual un día conocías a un grupo de amigos y decías «Mañana nos vamos de excursión». Y no era la exaltación nocturna de la amistad. Al día siguiente, ibas.

Mi primer piso estaba en la calle Granada, por la zona de Conde de Casal. Era muy pequeño, con dos habitaciones, una cocina inexistente, un baño que se caía a pedazos y un salón pequeñito donde solo entraba un sofá y poco más. Aún era muy pardillo, como si estuviera viviendo en *Los mundos de Yupi*. Recuerdo que en una ocasión tuve una avería en el cuarto de baño y vino un fontanero que me pintó aquello como el Apocalipsis: por no sé qué problema con la bajante, había que levantar el suelo, ponerlo todo patas arriba y, claro, pagar una pasta. Me quedé horrorizado. Llamé a mi madre.

—Pero ¿has pedido una segunda opinión?

—Pueeees.... No.

—Venga, llama a otro fontanero, a ver qué te dice.

Llamé a otro y, en efecto, no era para tanto. Me la querían colar porque todavía vivía en una burbuja de inocencia. A pesar de todo, mis padres siempre confiaron en mí, aunque fuera joven y viviera una vida algo farandulera en una ciudad lejana. No estaban encima, vigilando. Por lo demás, nunca les oculté nada ni les causé problemas. Siempre fui transparente y honesto con ellos. Quizá la única vez que me dijeron que estuviera un poquito más atento fue durante el dramático episodio con el fontanero del infierno.

Pero hubo otra ocasión más grave en la que tuvieron que sacarme las castañas del fuego. Por aquella época un productor mexicano se puso en contacto conmigo y me dijo que quería llevarme a México. Me ofreció un dineral por dejarlo todo, programa incluido, y cruzar el charco. Todo brutal. Pero mi padre entró en escena porque le olía muy mal.

—Jordi, eres muy confiado, pero debes entender que hay muchos intereses ocultos y que la gente puede intentar obtener cosas de ti de malas maneras.

—Pero, papá, si la gente es superbuena. Bueno, así en general.

—Vale, comprobémoslo. Ve a esta dirección, a ver qué te encuentras.

Me dio una dirección en Madrid y allá que me fui. Llamé al timbre y... ¿Quién apareció? El famoso productor mexicano. Pero no era tal. Era un loco que se había hecho pasar por un gerifalte de Televisa con un montón de proyectos y dinero, vendiendo el oro y el moro. Ni siquiera era un timador, solo un desequilibrado que se dedicaba a eso sin ánimo de lucro. ¿Cómo consiguió mi padre aquella dirección? Nunca me lo dijo.

Pocos meses después me mudé a una buhardilla de Tirso de Molina, a un edificio en el que todo el mundo era artista. Había actores de musicales, cantantes líricos, guitarristas, etc. Para mí era como en la novela *Historias de San Francisco*, bohemia pura. Lo recuerdo muy bien: los amigos que estaban de paso por Madrid se quedaban en mi casa, y montábamos unas fiestas muy originales junto con mis adorables vecinos.

Si me aburría, iba a ver musicales al teatro Nuevo Apolo, que estaba a la vuelta de la esquina. Siempre había alguna compañía de teatro conocida. Durante el parón entre la función de la tarde y la de la noche venían a mi casa a cenar y desconectar. A cambio, tenía pase libre entre bambalinas. Las veces que vi *West Side Story* no se cuentan con los dedos de las dos manos (y puede que de los pies). La discoteca Xenon también estaba muy cerca, lo que me venía muy bien.

De esa buhardilla me mudé a otra en plena calle Mayor, delante de la plaza Mayor, a pocos pasos de la famosa Puerta del Sol. Vivir en el centro me parecía una maravilla hasta que llegó Navidad. Había días que, literalmente, no podía salir del portal. Los turistas que iban a la capital a ver las luces y a hacer sus compras llenaban las calles y hacían impracticables las aceras. Tenía que pedir permiso para salir o entrar. El día de la cabalgata fue imposible. Pasaba por mi calle y, desde el mediodía, ya estaba todo ocupado. Al final pude salir, y parecía que hubiera pasado un huracán, todo lleno de papeles, caramelos pisados en el suelo, paraguas rotos y alguna escalera de dos peldaños abandonada después de haber dado un buen servicio.

De la calle Mayor me mudé a Torre Madrid, un rascacielos blanco que hay en la plaza de España. Pasé de no poder salir del portal a tener seis ascensores y un *hall* de entrada que parecía una de esas recepciones de oficinas neoyorquinas. En realidad, las diez primeras plantas del edificio son para uso laboral y las demás, viviendas. Mi apartamento estaba en la planta catorce. Lo mejor eran las vistas: una maravillosa postal de los tejados de Madrid. De noche, nunca bajaba la persiana; me gustaba irme a dormir con la ciudad y despertarme con ella.

Un día me dejé la ventana abierta. Lola, mi perra, se encaramó y se sentó en el alféizar para admirar las vistas. Cuando la vi, casi se me para el corazón. Tenía miedo de asustarla y que perdiera el equilibrio. Me acerqué poco a poco y me lancé para meterla en el piso. Me asustaba tanto que volviera a pasar que dejé de abrir la ventana. Así que volví a mudarme.

Podría seguir escribiendo sobre los pisos que alquilé en la capital. He sido un poco culo inquieto, y lo de las mudanzas nunca me ha dado miedo.

Toda ciudad necesita avanzar, pero sin olvidar de dónde viene. Madrid, a pesar de sus cambios, sigue siendo un lugar chispeante que mantiene su esencia castiza. Hay lugares que se sabe que, con el paso del tiempo, continuarán siendo como son. Recuerdo la primera vez que fui a comer un bocata de calamares, como un turista más, a la plaza Mayor: había algo auténtico, eso que llaman «lo castizo». Aunque Barcelona es mi ciudad natal, el sitio donde me crie, Madrid también lo es por cómo me recibió, por cómo acoge a las personas que venimos de fuera, por todo lo que he vivido aquí.

Años después, el 11 de marzo de 2004 —como veremos más adelante, ya vivía en Mallorca—, estaba recogiendo la casa, y empezaron a hablar de los atentados de Atocha por la tele. En la estación de tren y en las líneas de metro de cercanías habían puesto unas bombas que mataron a casi doscientas personas. El atentado de las Torres Gemelas se había producido tres años antes, y tuve la misma sensación de asistir a unos hechos históricos y, de nuevo, nada halagüeños. Y más cerca de casa. El siglo XXI, el futuro que resplandecía en nuestra imaginación infantil, empezaba fatal, y tampoco ha continuado demasiado bien. Aquel día de 2004 la política española estaba patas arriba, las elecciones generales se celebrarían en pocos días, los medios de comunicación mantenían una actividad frenética (menos mal que no había Twitter), no se sabía quién era el autor del atentado (al final se supo que fueron células de Al Qaeda) y la crispación y el dolor en la capital y en todo el país llegaron al máximo. Ese día cogí un avión con destino Madrid: necesitaba estar con mi gente. Necesitaba estar en mi ciudad.

11

Hola, pirata

Nos convertimos en piratas. *Club Disney* había pasado de una etapa dulce y naíf a otra más macarra en la que los presentadores, en teoría, pirateábamos la señal de la televisión para emitir nuestro programa. Creo que por eso me cogieron, daba el pego: era una idea de la juventud algo rebelde, como se estilaba a finales de los noventa. En el estudio había un coche viejo y el decorado era algo destartalado. El logotipo era el pato Donald en plan pirata, con dientes y todo. Tiempo después, el hijo de un alto directivo de Disney vio a Donald con aquellos dientes y se cogió tal disgusto y llorera que lo quitaron de todas partes. El programa era lo que se llamaba un «contenedor»: cada semana poníamos series de Disney —primero tipo *Patoaventuras* o *Chip y Chop*, y luego *La banda del patio* o *Timón y Pumba*— y, entre serie y serie, presentábamos, hacíamos entrevistas (solía tocarme todo lo musical), concursos, distintas secciones... Había muchos juegos en los que se usaba una sustancia viscosa llamada «pringue», en los que no era difícil que los participantes acabaran embadurnados. Sí, el pringue era uno de los elementos fundamentales del programa.

En esa nueva etapa éramos tres presentadores: Elena Ballesteros, David Carrillo (un poco más joven que nosotros) y yo.

Cada uno tenía su papel: Elena era la reportera, la audaz; David era deslenguado, el que le podía decir cualquier cosa a cualquiera; y yo el espabilado que lo conectaba todo. O algo así. Nuestros personajes estaban ideados antes del *casting*, y había que encajar en ellos. Contaban con varios guionistas con los que iban probando, trataban de encontrar el tono del programa. En mi cabeza me imaginaba que todo ocurría en una nave espacial, porque siempre hablaban de la «nave». Y así fue hasta que en una reunión de guion pregunté:

—Pero ¿no es una nave espacial?

—No, Jordi, es una nave industrial.

Empezamos a grabar en los estudios de Sant Cugat del Vallés, Barcelona. Corría finales de 1996. Todo se hacía de una manera muy tranquila, sin ningún tipo de *feedback*, porque los programas todavía no se emitían. Yo, con veinte primaveras, aún no tenía claro qué iba a suponer aquello en mi vida. ¿Nos haríamos famosos? ¿Nos reconocerían por la calle? Solía preguntárselo a personas de producción, me interesaba conocer la experiencia de los anteriores presentadores. Me dijeron que sí, que los espectadores nos reconocerían, pero que lo más curioso sería cuando, en unos años, ese público infantil creciera, formaríamos parte de la infancia de todas esas personas y nos tendrían un cariño especial, diferente a la fama de los adultos. Ahora hay canales enteros de programación infantil y juvenil, pero ya no emiten programas de este tipo en las grandes cadenas generalistas, como *Club Disney* —entonces en Televisión Española— o el *Club Megatrix* —en Antena 3—. En aquel momento no me daba cuenta, no lo visualizaba así, pero cuando el público creciera yo también lo haría y nos convertiríamos en adultos. El tiempo pasa para todos.

Seguía con las palabras de mi padre en la cabeza: «No te lo tengas creído, no pienses que eres lo más de lo más». El tiempo que pierdes centrado en eso no lo dedicas a disfrutar de lo que te está pasando. Por entonces nos regalaron un plumas azul eléctrico, chillón, superllamativo, con el logotipo de *Club Disney*. No tardé en ponérmelo. Pensé que, si no lo estrenaba ya, nunca lo llevaría: no era plan de, cuando fuera ya conocido en la tele, ir llamando aún más la atención con aquella prenda, como si quisiera que me reconociesen.

Recuerdo la primera vez que entré en el estudio de Televisión Española. Las cámaras eran de verdad, esa era la diferencia. Pero esos cambios de la cámara 1 a la 2, y de ahí a la 3, ya los había ensayado en mis ensoñaciones, con las cámaras imaginarias 1, 2 y 3 con las que grababa galas y espectáculos en mi habitación. También tenía cierta experiencia, por supuesto, por la tele local de El Clot, pero en Televisión Española todo era más grande y espacioso, con más gente y muchos medios. En nuestro programa, como supuestamente era pirata, las cámaras eran fijas, para hacer ver que éramos unos chavales sin demasiada infraestructura, que lo grabábamos desde el garaje de mi casa. Es curioso: los planos fijos son propios de las nuevas generaciones, de los streamers y youtubers. Recuerdo que, cuando me acercaba a hablar a la cámara, me agachaba... pero no hacía falta: había un gran angular. Por muy bien que se me diera, me quedaba muchísimo por aprender.

Yo era un chaval, vivía los procesos de mi edad, como el odiado acné juvenil. Cuando me maquillaban para el programa, simplemente me pasaban la brocha dándome una gruesa capa de base en toda la cara y sin remilgos me aconsejaban utilizar ciertos potingues para quitármela al terminar el rodaje. Yo era bastante desastre y salía corriendo del plató de cualquier manera. Nunca me han gustado las cremas, jamás me he puesto ninguna, aunque la gente me dice que tengo muy buen cutis y no aparento mi edad. No cumplir con la rutina de desmaquillarse derivó en graves problemas de acné. Aunque nunca me ha importado el aspecto físico, aquello me empezó a preocupar.

Me hablaron de una señora que tenía un tratamiento casi milagroso para los granos. Entonces no había WhatsApp, Facebook ni redes sociales, así que la información circulaba con el boca a boca: alguien te recomendaba a alguien y te apuntaba el teléfono en una servilleta. Podía ser un milagro o un timo. Me personé en un barrio bien de Madrid. Era un edificio muy señorial, con portero que te recibía y te preguntaba dónde ibas. Había varias consultas médicas en la escalera. Aquello me tranquilizó. Llame al timbre y me abrió la puerta una mujer bajita, con el pelo cardado como si saliese de una telenovela estadounidense tipo *Dinastía* o *Santa Bárbara*, en bata. Ella era la famosa dermatóloga que obraba milagros. El tratamiento consistía en unos masajes con un producto, en concreto un líquido rosáceo que fabricaba ella y en el que radicaba su negocio. Supongo que llevaría rosa mosqueta o algo así. Era un potingue mágico y nada barato.

Funcionaba: te ponías aquello en la cara y se te quitaba todo, era fantástico. Me hice fan de aquel producto y lo llevaba a todas partes. Siempre me echaba: «¡Más líquido!, ¡más líquido!, ¡venga!». Con los años el acné dejó de ser un problema y el milagroso mejunje desapareció de mi neceser y de mi vida.

El nuevo *Club Disney* tenía la misma estructura que su antecesor, series infantiles y juegos. El equipo, además de modernizar el programa y hacerlo más gamberro y dinámico, quiso incluir juegos de gran formato, y que cada uno tuviera su historia. Todos debían incluir dos ingredientes fundamentales: emoción y mucho pringue. Por ejemplo, *La isla pirata* tenía su propia escenografía e hilo conductor. En el juego había una parte llamada «Las gárgolas»: los concursantes se sentaban en una especie de gárgolas, unas flores gigantes les apuntaban y, si no acertaban la respuesta a las preguntas que les planteaban, de ellas salían chorros de pringue viscoso a toda potencia. El colorante se te podía queda pegado durante días... Una gota y estabas perdido.

Al acabar el juego, uno de los presentadores se tenía que pringar por votación de los concursantes. Siempre me libraba, pero una vez trucaron la ruleta y lo amañaron para que no me fuera de rositas. Aquel día me pringaron bien. Después del programa tenía un vuelo a Barcelona y llegué al aeropuerto con la cara medio azul y la espalda verde. Iba hecho un cuadro. Pensé en los concursantes entrando en sus casas con la cara multicolor, una sonrisa de oreja a oreja y el premio bajo el brazo. No diría que fueran juegos crueles, pero tenían mucho pringue, y yo pensaba: «Pobres chavales». Pero, oye, se lo pasaban en grande.

En otro había tres cabinas de teléfono y cada concursante entraba en una. Por la parte de arriba se conectaban con un tubo por el que salía el pringue de marras, muy viscoso y en cantidades industriales. Las cabinas estaban iluminadas por dentro, así que, cuando el pringue caía sobre el cuerpo de los chavales, comenzaba a salir humo por el calor de los focos. Nosotros, con el micrófono, preguntando por la capital de Bielorrusia, mientras a la concursante Mari Pili le salía humo de la cabeza, literal. Era una buena comedia.

Otra de las cosas más raras que hicimos fue grabar un disco. Disney pensó que los presentadores podríamos cantar canciones veraniegas, y a eso que nos pusimos. Se llamó *El pirata del Caribe*. Me tocó cantar «El baile del robot» y el videoclip se filmó en la playa de Sitges, donde grabábamos el *Club Disney* de verano. Me dejaron ir vestido como quisiera y llevé unas Dr. Martens de color azul chillón. Mala elección. No era fácil bailar en la arena con aquellas botas, aunque me daban un movimiento bastante robótico. Además, se me llenaron de arena, algo que odio. En el puente de diciembre nos llevaron a Disneyland París para actuar ante las familias españolas que visitaban el parque. Lo recuerdo con cariño porque nos trataron como si fuéramos estrellas del pop, aunque supongo que aquella gente hubiera aplaudido con furor a cualquiera que hubiera aparecido en el escenario. Nuestra carrera fue fugaz: se limitó a un disco, a grabar un videoclip en la playa y a actuar en Disneyland París. Espero que no haya copias. Al menos, no sale en internet.

Tengo muy buenos recuerdos de aquella primera época. Por ejemplo, una mañana de domingo que estaba tranquilo en casa observando mi ombligo a conciencia, probablemente con una ligera resaca veinteañera, me llamaron del programa. Tenía que ir al lujoso hotel Villa Magna a entrevistar a los Backstreet Boys. Así, de repente. El grupo había ido a El Corte Inglés de Puerta del Sol —donde en Navidad se pone la atracción infantil Cortylandia— a firmar autógrafos a los fans. Se congregaron miles de personas, un verdadero delirio. Tuvieron que anular la firma por cuestiones de seguridad. A los periodistas los convocaron en la azotea del Villa Magna y solo dos medios, uno de tele y otro de radio, los entrevistarían tras la rueda de prensa. Al enterarse las fans de que iban a ese hotel, corrieron enloquecidas hacia allí. Subieron por la Castellana —que está bastante lejos— para apostarse en la entrada, gritar y desmayarse. Éramos el medio de tele que haría la entrevista.

Recuerdo entrar en el Villa Magna con todo el jaleo. Era una rueda de prensa multitudinaria, pero cuando acabó, por fin, nos quedamos a solas con ellos. Salimos a saludar por la ventana y todo el mundo chillaba. En esas ocasiones me daba cuenta de la suerte que tenía de estar en un programa como *Club Disney*, en una empresa como Disney, que hacía que pudiera vivir mil aventuras. A veces me preguntan con qué programa me quedaría de toda mi carrera: suelo decir *Club Disney*, porque fue el primero y porque hice muchas cosas.

La entrevista con los Backstreet fue de maravilla, y eso que hablar en inglés con cinco personas a la vez —que en ese momento eran, además, las más famosas del Universo— no es fácil. Además, mis géneros favoritos son la entrevista y el reportaje: vas charlando, muchas veces de forma espontánea, a lo que surja. Aquel día ni siquiera habíamos preparado nada, porque había sido de repente, pero la improvisación era nuestro punto fuerte.

En otra ocasión viajé a Nueva York gracias a los Backstreet Boys, ya que habían organizado un concierto en esa ciudad y lanzamos un concurso para invitar a alguien, aunque teníamos muy poco tiempo para recibir las solicitudes y decidir quién ganaba los billetes de avión. Era una oportunidad buenísima para los fans, que podían llegar a vivir una experiencia increíble en la Gran Manzana y ver a sus ídolos. Ese lunes llegamos a Disney y solo había un paquete de cartas. Nos parecieron pocas, pero asumimos que, como acabábamos de anunciarlo, no iban a llegar más. Nos pusimos a leerlas y descartamos muchas porque eran de fans locas que prometían escaparse con su miembro favorito de la banda. Excesivo. Al final seleccionamos una, un poco más tranquila, de una chica de Móstoles. Acabó viajando con su madre, porque tenía que ir con acompañante. Recuerdo a la madre paseando por las grandes avenidas neoyorquinas, entre los rascacielos, mirando hacia arriba y diciendo:

—Pues a mí Móstoles me gusta más.

Resulta que la chica ya conocía a los Backstreet Boys, aunque no lo había puesto en la carta, así que el efecto de emoción no fue notorio, como si le diera un poco igual. La pena fue que escogimos esa carta, mandamos los nombres a la discográfica y por la tarde nos llamaron de correos... Faltaba muchas por recoger: el paquetito que recibimos era solo la punta del iceberg de tres sacas repletas de cartas que nunca llegaron a nuestras manos. Me dio un apuro... Una fan había mandado un cuadro gigante de Nick Carter enmarcado, y me dio tanta pena que me lo llevé a Nueva York para dárselo al artista. Luego cogí la costumbre de llevarme un pequeño bloque de cartas de la oficina para ir leyéndolas y así encontré al que debería haber sido el ganador: un chaval que había perdido a sus padres y vivía con sus abuelos; uno de ellos, además, estaba impedido. Para él, los Backstreet Boys eran sus hermanos, les hacía regalos de cumpleaños y se los mandaba a Estados Unidos. Primero pensamos que era una historia inventada para generar compasión, pero llamamos a la abuela para confirmarlo y era real. Me dio mucha pena. Gajes del oficio.

En Nueva York fuimos a grabar el concierto en el que presentaban su disco *Millenium*, plagado de *hits*. Fue una experiencia intensa: no sé qué soñé la noche anterior, pero aquella mañana me levanté siendo superfán de los Backstreet Boys. Estaba emocionado, sentía una inquietud en el estómago que no cesaba y tenía unas ganas enormes de ver el concierto. Al empezar el *show* y ver aquel fenómeno fan salvaje, tanta niña desgañitada, perdí la emoción. Todo me parecía exagerado. La invitada, en cambio, no parecía muy animada.

—¿Qué, te gusta el concierto?

—Bueno, ya los había visto.

Fue un chasco. Y el pobre huérfano que consideraba a los Backstreet sus hermanos a miles de kilómetros...

Con las Spice Girls pasó algo similar. Recuerdo que hacía rabiar a mi compañero David Carrillo, porque él era muy fan de las Spice. «Ni cantan, ni bailan, ni cantan, ni bailan», le decía para chincharle. La verdad es que yo también era muy fan de estas chicas que, además, lo estaban petando al máximo. Cuando salió el *single* «Wannabe», se lo llevé al dj de Satanassa para que lo pusiera y nos pusimos a bailar como locos.

Estábamos en el lujoso hotel Palace de Madrid —donde tomarse un café cuesta un ojo de la cara— y las esperábamos en uno de sus historiados salones. Entraron como una exhalación, como si formase parte de su espectáculo, o mejor dicho, como si estuviéramos en una taberna de Londres.

La gracia fue que estábamos grabando una broma con cámara oculta: le dijimos a David que íbamos a rodar otra cosa, una promo del programa, pero él no se lo creyó. Es un tío muy listo: quería escapar de la habitación e ir a buscar a las Spice por el hotel. Le dijimos que no, que se centrase, que estábamos ahí para otra cosa. De pronto, las Spice entraron por todo lo alto. David se puso a llorar, y creo que siguió haciéndolo toda la entrevista, juntándose a una y otra, Melanie Chisholm, Geri Halliwell, Melanie Brown (Mel B), Victoria Adams y Emma Bunton. Estaba como ido, en una especie de nirvana de los fans. Les preguntamos qué había que hacer para ser una chica Spice. Nos dijeron que todos llevábamos dentro una chica Spice: solo había que confiar en uno mismo. También hablaron de su película, que venían a promocionar, y al final cantaron un poco para desmentir aquellos bulos de que en realidad no cantaban (lo que usaba para fastidiar a David).

Lo gracioso fue que, al irse, Geri Halliwell se dejó el bolso en el salón y fuimos tras ellas a devolvérselo. Dimos un montón de vueltas por el Palace hasta que lo conseguimos. La gente no creía que fuera el bolso de Geri, pensaba que era una artimaña de unos chavales para conocerlas. Explicamos a los seguratas que no formábamos parte de la marabunta de fans, que las acabábamos de entrevistar para *Club Disney*, pero al principio no coló. Aquellos guardias de seguridad no veían nuestro programa. Al final apareció un *manager* y entró en razón. Tres o cuatro años después las Spice regresaron, las volvimos a entrevistar y se acordaban del encuentro lacrimógeno con David. Estoy seguro de que, allá donde estén, todavía lo recuerdan.

Uno de los invitados al que le cogí más cariño, aunque no era tan famoso como las Spice Girls o los Backstreet Boys, fue Colin Arthur, el creador de los efectos especiales de *La historia interminable*, una película basada en la novela de Michael Ende que me marcó de niño. Me identificaba con Bastian, el protagonista, y me gustaba imaginar que yo también pululaba por Fantasía, su mundo. Arthur, nuestro invitado, había creado al dragón Fújur y todo lo demás. Trajo algunos tesoros de la película para mostrarlos ante las cámaras. Cuando sacó del bolsillo el Áuryn, el medallón con forma de dos serpientes entrelazadas que lleva Atreyu y que le guía y protege durante la aventura, se me iluminó la cara. Al ver mi reacción, me lo regaló. Está claro que no era el único Áuryn, que fabricarían muchos para el rodaje, pero me sigue haciendo ilusión poseer uno. Es lo más bonito que guardo como recuerdo de un programa en el que he participado. Ojalá me siga protegiendo contra todos los peligros.

12

Estamos en directo

Todo se mueve en esta vida, es difícil que todo se quede quietecito, pero también es cierto que a veces las cosas cambian, y de forma radical. Hubo un momento en el que sentí que mi experiencia en *Club Disney* había dejado de ser lo que era. De pronto el programa, de Noski Productions —una productora pequeña y familiar—, pasó a manos de Globomedia, una de las grandes que hacía programas tan legendarios como *Médico de familia* o *Caiga quien caiga*. El canal también cambió: de Televisión Española nos mudamos a Telecinco.

De hecho, era el gran fichaje de la cadena. La «cadena amiga», según su eslogan por entonces, firmó un acuerdo con Disney no solo para el sábado, sino también para el domingo. Además, el programa del sábado sería en directo, lo que añadía una novedad y riesgo para mí. ¡El nuevo plató era gigantesco! Tenía tres plantas. Los niños del público podían subir y bajar, había cubos, barras y una gran isla pirata con juegos. Para alguien como yo, que ama la televisión, era un sueño hecho realidad.

El día que estrenamos, el suelo seguía con la pintura fresca, de modo que hicimos el programa sin ensayar, en directo. Era la primera vez que me ponía un pinganillo. Cuando acabamos, un grupo de ejecutivos de Telecinco bajó a felicitarnos por haberlo hecho tan bien y casi sin preparación. Fue una gran satisfacción. Sentíamos que la nueva cadena quería apostar por nosotros, con una gran inversión en publicidad. En verano trasladaban el set a la playa y grabábamos en un montón de localidades costeras.

Era genial. Excepto por un pequeño detalle: odio la playa. No entiendo por qué a la gente le gusta quedarse inmóvil bajo un sol abrasador, ponerse perdida de arena, jugarse la vida con los melanomas, los monstruos marinos o la comida del chiringuito. En cuanto llegan las vacaciones, todo el mundo quiere ir a la playa, como si fuera el hábitat natural del ser humano, el objetivo eterno, el fin máximo. Y no es cierto. Durante esos veranos en *Club Disney*, llegué a mis máximos de playa... pero para lo que me resta de vida. Recuerdo con horror la calima que venía de África a invadir las playas de Cádiz. Insoportable.

En aquellos programas ocurrió algo reseñable. El primer día, salí tan contento de la *roulotte*-camerino con mi bañador, preparadísimo para grabar. Pero el director y el resto del equipo me miraban de arriba abajo contrariados. Yo no veía nada raro. Bañador, correcto. Chanclas, correcto. Camiseta, correcto. ¿Qué pasaba? Hacía meses que había cumplido los veinte, es decir, no era un niño y, por tanto, tenía demasiado pelo en las piernas. De hecho, soy bastante peludo. No pegaba con lo que se esperaba de mí, sobre todo con esa cara de niñín que tan buen servicio me daba. Había dos opciones: depilación o pantalones largos. A partir de ese momento tuve que hacer los programas estivales en pantalón largo. Incluso con la insoportable calima africana.

Club Disney era una caja de sorpresas. Te levantabas sin imaginarte el lío en el que te ibas a encontrar horas después. En Globomedia había un equipo muy joven, con mucha ilusión, ganas y unos cocos brillantes que no paraban inventar locuras divertidísimas. Estábamos a su merced. Por ejemplo, la recreación de *Titanic* (llamada *Fritanic*) en el lago de la Casa de Campo, sin efectos especiales. O una versión casera de *La guerra de las galaxias*. Hacíamos «publis piratas», parodias de anuncios de la tele que hubo que retirar por quejas de los anunciantes reales. Como era para un público infantil, unos espectadores muy complicados que no atienden a lo que no les interesa, lo llevábamos al absurdo para que impactase. Y funcionaba. Nos lo pasábamos fenomenal, nos moríamos de la risa. Era como grabar cortos en el instituto, y se notaba en el resultado. Hay gente que todavía me para por la calle y me recuerda aquellos capítulos.

Es también reseñable el día que me tiré en paracaídas. Los chavales mandaban retos al programa, y uno fue, nada menos, que me tirara de un avión. Ojo, no es lo mismo hacerlo con un profesional al que le pagas para que te tutele y te acompañe durante el salto que lanzarse con unos campeones en acrobacias aéreas que van haciendo giros y cabriolas, que vienen y van para dar el máximo espectáculo, como fue el caso. Nos tiramos en Cataluña, por la zona del Empordà. El primer día hacía muchísimo viento, así que cancelamos el salto. El segundo también soplaba bastante viento, pero lo hicimos igualmente: así es el mundo del espectáculo. Me gustó lanzarme en paracaídas: sueltas una cantidad de adrenalina brutal. Nunca haría puenting porque es un salto más corto y la sensación de velocidad es mayor. En cambio, al tirarse de un avión el suelo está muy lejos, parece que no se acerca, no te da la misma sensación de caída al vacío. Lo peor fue cuando el paracaídas se abrió y ya se aproximaba el suelo. Durante el salto, notaba la vibración del móvil en el pantalón: era mi madre llamándome, de los nervios, para ver cómo estaba. Pero no lo podía coger. Cuando aterricé en tierra firme, la llamé para que se quedara tranquila. Me gustaría repetir.

Quién me iba a decir que mi grupo favorito iba a poner la banda sonora al programa donde trabajaba. Mecano, el objeto de mi mitomanía, llevaba tiempo desaparecido. De pronto sacó un recopilatorio con cinco temas nuevos, entre ellos «Los piratas del amor», que acabó siendo la canción que poníamos en el cierre de *Club Disney* mientras salían los créditos y saltábamos con el público.

Cuando me lo dijeron, no cabía en mí de la ilusión. Si su canción iba a salir en *Club Disney*, seguro que vendrían al programa a promocionarla. ¡Iba a conocer a Mecano! No iba muy desencaminado. Disney decidió grabar un videoclip con el grupo. Y nosotros iríamos a filmar un reportaje del rodaje y una entrevista con ellos. Aquella noche, de los nervios y la emoción, no dormí.

Tengo una curiosa técnica para abordar las entrevistas: además de ir informado y con las preguntas bien pensadas, siempre trato de imaginarme que el entrevistado es un borde o poco colaborativo. Si es así, me ahorro la decepción. Pero en el 99 por ciento de los casos no lo son, así que me vengo arriba y la entrevista queda genial.

Con Mecano no apliqué esa técnica, los admiraba demasiado. Llegamos a Barcelona a las ocho de la mañana. Yo, con todos mis discos preparados para que los firmasen y las expectativas por las nubes. Al llegar al set de rodaje, una nave industrial muy grande, nos pidieron que esperásemos en una zona que nos habían preparado, donde había algunas sillas. A lo lejos estaba el decorado, las luces y todo preparado para grabar el videoclip. De pronto, aparecieron Ana, José María y Nacho y empezaron a seguir las indicaciones del director. La canción sonaba en modo *repeat* todo el rato.

Parecía todo normal. Estaban a lo suyo y nosotros esperando a que terminaran. En cambio, Ana, la productora, comenzaba a olerse la tostada. A las tres horas de espera vino una chica de producción y nos dijo que iban a tomarse un descanso. La entrevista será después, por la tarde... Empecé a sospechar algo raro. Llevábamos allí desde las nueve de la mañana y la paciencia del equipo estaba a punto de agotarse.

Fuimos a comer y, cuando volvimos, el set estaba desmontado. Preguntamos y nos dijeron que tenían suficiente con las tomas que habían rodado.

—¿Y la entrevista? —pregunté algo desesperanzado.

—El grupo ya se ha ido. Bueno, queda Ana Torroja, pero prefiere que no sea una entrevista en vídeo. En audio se podría gestionar.

—¿Perdona? ¿Todo el día esperando y se han ido?

Nos volvimos a Madrid sin nada. Bueno, con un buen disgusto. Ese videoclip fue el último que sacó la banda antes de que José María Cano anunciara que dejaba el grupo. Supongo que ese día no estaban para muchas entrevistas.

Mi aventura con Mecano no acaba aquí. Después de su separación, en 2005 Nacho Cano presentó el musical *Hoy no me puedo levantar*. El éxito fue inmediato. Arrasó en taquilla, y los productores pensaron que hacer una versión infantil para los sábados y domingos por la mañana podría funcionar. Hicieron una convocatoria de *casting* y me apunté. Pensé que lo que había aprendido en la escuela de teatro musical serviría de algo. Me lancé a la piscina y pasé las dos primeras fases, más centradas en la interpretación, pero llegó la tercera: prueba de voz con Nacho Cano. Mi personaje era Guillermo y cantaba *Mujer contra mujer*. Pasé toda la semana ensayando y cantando.

Llegué muy nervioso a la prueba. La cola de personas se iba acortando y llegaba mi turno. Me subí al escenario y escuché a Nacho dándome la bienvenida y deseándome lo mejor. Me preguntó si estaba listo y, al verme asentir con la cabeza, gritó:

—¡MÚSICA!

Los primeros compases empezaron a sonar por los altavoces.

Cerré los ojos, me coloqué en la marca y, al decir la primera palabra, se escuchó desde el patio de butacas:

—¡El tono! ¡Estás por debajo del tono!

Dejé de cantar. Pusieron la pista de nuevo, pero el tono me volvió a fallar. Vino una chica de producción y me dijo con amabilidad:

—Jordi, gracias por venir. Ya te diremos algo.

Es obvio que no me cogieron. Por suerte, mi compañero de *Club Disney*, David Carrillo, fue seleccionado para el papel. Su interpretación de Guillermo le valió premios y reconocimiento. Lo fui a ver muchas veces para aplaudirle con orgullo desde el patio de butacas.

Haciendo *Club Disney* experimenté por primera vez la fama, los «baños de masas» y un poco del fenómeno fan. Es importante, y no me resultó difícil entonces, contextualizar, entender que la fama es un fenómeno pasajero, no real. Tiene que ver con la plataforma donde estás —la tele es la más eficaz creadora de fama— y con ciertas dosis de histeria colectiva. A veces había mogollones de fans que pedían autógrafos y funcionaban por gregarismo, por imitación. Alguien chillaba que quería una firma y todos pedían lo mismo. Lo vi mucho, como en las citadas entrevistas a las Spice Girls o a los Backstreet Boys. Te pedían un autógrafo sin saber quién eras.

No debe subírsete a la cabeza. Pero a menudo iba por la calle y alguien me gritaba para saludarme desde la otra acera o, en la discoteca bailando, una persona se acercaba a conocer al que salía en la tele. De hecho, me pasaba algo muy curioso: tendía a pensar que la gente me saludaba porque me conocía de algo, del colegio o del barrio, y no de verme por la tele. No caía. No iba con el chip de «Mírame, soy famoso». Mis amigos solían darse cuenta de que había gente alrededor mirándome, señalándome o cuchicheando. Quizá seguía en mi mundo. Tampoco quería dejar de hacer nada por ello: la tele era mi trabajo, y nadie quiere dejar de disfrutar del tiempo libre por culpa de su profesión.

—¿Te vas a seguir subiendo a la barra del Why Not a bailar sevillanas? —me preguntaba mi amigo Manolo.

—Si ponen una de Siempre Así y tengo un cubata en la mano... Por supuesto.

Además, era presentador de un programa infantil, pero también un chaval, un joven con su trabajo, su piso, su vida y ganas de pasárselo bien. Tampoco hacía nada fuera de lugar, que no acompañase, de modo que no sentía remordimientos por tener una vida normal, incluso con un fuerte componente bailongo y nocturno. Además, aunque me ha gustado ir de copas, nunca he necesitado ningún condimento extra, y mira que los he visto a mi alrededor. Yo era el que podía llegar al *after hours* y seguir a tope sin trampa ni cartón.

Si empiezas a censurarte por miedo a lo que opinen los demás, por temor a perder ese falso halo de famoso, acabarás dejando de hacer lo que te gusta y tu vida no será tu vida. Tampoco he pensado nunca que por salir en la tele merezco saltarme una cola, tener mejor mesa en un restaurante o conseguir entradas gratis para un concierto. Puede aparecer la circunstancia, y lo agradezco, pero nunca darlo por hecho o contar con ello. Ser presentador es mi trabajo. Llegas a mucha gente, haces que pase un buen rato frente a la tele y esa gente te lo devuelve en forma de cariño y afecto. Es un circuito perfecto. Si empiezas a aprovecharte de ese cariño y afecto vas por mal camino.

Durante aquellos años me invitaban a grandes eventos. Hay gente que quiere lucirse y llega pronto, con gran teatralidad, para que todo el mundo la vea. Yo trataba de hacer lo contrario, aparecer el último, cuando el evento ya había empezado, para pasar desapercibido. Así fui con mi amigo David a un gran concierto que daban los Backstreet Boys en el Palau Sant Jordi de Barcelona. Llegué cinco minutos antes, al límite. Entonces anunciaron que se retrasaban unos cuarenta minutos. Había tropecientas mil fans de los Backstreet aguardando a verlos, así que, en esos momentos de espera y abstinencia, la imagen de cualquiera que fuera un poquito famoso podía desatar el delirio colectivo. Efectivamente, una fan se dio la vuelta y me vio. Avisó a otra. Esta a otras. Empezaron los gritos: «¡Ahí está Jordi!». En poco rato, gran parte del Palau Sant Jordi comenzó a corear «Jordiiii, Jordiii». También empezaron los movimientos estratégicos para pedirme autógrafos. Se formó una cola que hizo que vinieran los de seguridad. ¡Me reñían a mí!

—Oiga, señor, si he venido cinco minutos antes para que no pase esto... Y ahora me voy a perder el concierto.

Entre mi grupo de amigos tenemos una palabra secreta para comunicarme que hay alguien curioseando o a punto de decirme que quiere hacerse una foto. Así no me pilla desprevenido. No la puedo decir. Es el nombre de un animal muy grande. No diré más. En cuanto a las personas que se acercan, hay que tratarlas con respeto siempre y cuando sean educadas contigo. Cuando presentaba *Club Disney* y *Art Attack* había algunas personitas a las que consideraba VIP: los niños. Si se acercaba uno, el mundo se paraba. Eran nuestro público. Me conocían: era el presentador de su programa favorito.

La tele es un generador de fama muy potente. A mi juicio, el mayor. Algunos tenemos la suerte de convertirnos en uno más de la familia. Y eso es más difícil que ser famoso, va más allá. La fama puede dártela la exposición frecuente en la pantalla, pero la familiaridad requiere algo más, no sé qué, algo muy especial. Es como si la magia de la tele se juntara con la de la persona.

¿Cuál es el secreto para que no se te suba el éxito a la cabeza? Saber que tienes cabeza.

13

El último verano

Club Disney triunfaba en las mañanas de Telecinco. Estaba en Punta Umbría, Cádiz. Era verano y habíamos bajado a realizar las grabaciones playeras del programa. El lunes, nada más llegar, visitamos las oficinas que íbamos a usar aquel mes. Al día siguiente empezábamos a grabar. Sonó el teléfono y no traía buenas noticias.

—Jordi, tenemos que hablar —dijo la voz de mi padre—. A tu madre le han encontrado un tumor en el pecho.

Me quedé en *shock*. Le conté a la directora la noticia que acababa de recibir. No podía hacer nada, ni siquiera volver de improviso a Barcelona. Había en marcha una producción muy grande. Esperaría al fin de semana para ir a visitarlos. Las cosas sucederían rápido, gracias a los conocimientos y contactos médicos de mi padre. La iban a poner a tratamiento. Todo aquello me estaba trastocando. Llevaba años viviendo una vida llena de color, de Disney, de arte, una vida mullida, exitosa y placentera. Vivía en la alegría. Sentí aquella noticia como un puñetazo en la cara, luego como un cuchillo frío que me entraba por la nuca, como si se acabara el final de una etapa de inocencia. Mi madre tenía cáncer, y su enfermedad no era una fantasía ni algo banal. Salí de la oficina y me puse a caminar sin rumbo. No paraba de llorar. Estaba destrozado. No soy religioso, pero, no sé por qué, me fui a una iglesia. Necesitaba recogimiento.

La semana fue dura. Estaba en un ambiente de celebración, grabando el *Club Disney* de verano en la playa, rodeado de gente feliz y aparentando serlo, pero no podía dejar de pensar en mi madre. La televisión, el espectáculo, muchas veces obliga a los profesionales a mostrar estados de ánimo que no son reales. Esa actitud sirve para olvidarse de los problemas hasta que se apaga la cámara, hasta que el público se va. Y las preocupaciones regresan, sobre todo de noche.

En aquella primera etapa, le extirparon el tumor y le dieron radioterapia. Ella quiso llevar la enfermedad con normalidad, no deseaba ser el centro de atención ni que nadie cambiara su vida. Volví a mis grabaciones en Cádiz, pero con el pensamiento en Barcelona.

Le hice una promesa: cuando el tratamiento terminara, nos iríamos de viaje a cargar pilas. Ya había viajado solo con mi padre y con mi hermano. Me faltaba mi madre.

A finales de agosto le dieron el alta y decidimos hacer realidad ese viaje. Le desplegué el mapa del mundo.

—Mamá, ¿dónde quieres ir?

Su respuesta me dejó a cuadros.

—Quiero ir a Londres, a sentir el chirimiri de la lluvia inglesa. Y a Holanda, a ver los tulipanes.

Allí fuimos. Recuerdo que yo llevaba el pelo blanco. En esa etapa sin programa podía hacerme estilismos que el resto del año me estaban vedados. Me lo decoloré tan mal que me quemé el cuero cabelludo. Lo pasamos muy bien: quería que lo pasase en grande y tratarla como a una reina. Le enseñé Londres y la llevé en limusina a ver el musical *Miss Saigon*. Pasó una vergüenza enorme y llamó a su hermana para contárselo. Me pidió que no nos dejara en la puerta del teatro, sino unas calles antes:

no quería que fuésemos el centro de atención. Esa costumbre la he seguido en eventos y estrenos de mi vida profesional.

Durante el viaje, mi madre me pidió que le hiciera una sesión de fotos mientras estuviera distraída, cuando no se diera cuenta. Aún las conservo. Lo único malo es que no pudo ver la fina lluvia de Londres, porque cogimos días de sol y calor. Fue un viaje lleno de confesiones, de horas hablando de todo lo que había pasado y lo que podía llegar a pasar. En Ámsterdam me preguntó sobre las drogas. Si tomaba. Fui muy sincero con ella y se quedó tranquila con la promesa que le hice. Ahora lo pienso y en esas palabras y conversaciones me estaba dejando su legado. Guardo esos días como el mejor de los tesoros. No soy de dar consejos, pero este sí: viaja con tus seres queridos. Si puede ser a solas con cada uno, mejor.

Durante el viaje recibí una llamada que no esperaba. Era el productor del programa. Me citaba para el día siguiente. Se grababa la cabecera para la nueva temporada y yo estaba en Ámsterdam con mi madre. Me había hecho un lío con las fechas y pensaba que era a la semana siguiente. Hubo un poco de jaleo, pero mi padre lo solucionó con un «Jordi está con su madre y no hay nada más importante». Me sentí fatal porque tuvieron que posponerlo por mi error, pero agradecí el apoyo de todo el equipo. Sabían que estaba haciendo algo importante y no pusieron ninguna pega.

En septiembre retomamos las emisiones. Traíamos las pilas cargadas y nos esperaba una temporada llena de sorpresas. Las grabaciones eran más intensas. El listón siempre estaba muy alto y el reto era superarnos continuamente.

Algunos puestos directivos cambiaron, y reconozco que al principio no empezamos con buen pie. Nunca tuvimos conflictos, pero noté que algo estaba cambiando. Se haría oficial antes de grabar los programas de verano que desembocarían en el fin de mi aventura.

Aquel último año nos dieron un premio en Barcelona. Si no me falla la memoria, eran unos galardones que organizaba una asociación de prensa de la ciudad. Nos reconocían como mejor programa infantil. Y pude invitar a mi padre a la cena de la entrega de premios.

Me pasó a buscar en su coche y fuimos juntos. Fue un momento muy especial. En el trayecto le recordé el viaje a Madrid para ir a firmar el contrato. Hablamos de todo lo que había ocurrido desde entonces. Me hubiese gustado ir con toda la familia, pero solo podía escoger a una persona, y aunque no me lo dijo, sé que mi elección le hizo feliz. No estábamos lejos del lugar donde se celebraba el evento. Aquellos quince minutos de recorrido pasaron volando. Nos sentamos en una mesa redonda con mi compañera, Vanesa, y mis jefes, Alberto y Marc. Después de la cena, empezó la ceremonia. La categoría infantil casi siempre es de las primeras. No somos el premio gordo. Efectivamente, nos nombraron al principio de la gala. No había nominados, así que los nervios eran distintos. Llevaba unas palabras para dedicar el premio. No soy de perder los nervios por las emociones, pero tener allí a mi padre cargaba el momento de emotividad.

—Y en la categoría de Mejor Programa Infantil, el premio es para... ¡*Club Disney*!

Aplausos, te levantas de la mesa, abrazas a los que tienes al lado, subes al escenario, te dan el premio y te diriges al micro.

Todo bien hasta el último punto. No había micro.

—Enhorabuena. A celebrarlo. Sigamos entregando premios. Es el turno de la Ficción.

Con esas palabras nos invitaron a bajar del escenario y volver a nuestra mesa. Es ideal ir a una gala donde la entrega no se alarga con eternos discursos de agradecimiento. Pero en aquella ocasión deseaba dedicar unas palabras de agradecimiento. No pude.

Volvimos a la mesa y mi padre, que lo había gestionado antes, hizo una señal a un fotógrafo profesional que había por allí y se nos acercó. Se levantó y nos dijo:

—Sois los mejores. Y quiero una foto con los mejores.

Nos cogió del brazo e inmortalizó el momento. Él en medio, cogiendo el premio juntos.

Días después pasé por su despacho y mi padre tenía un nuevo marco en la mesa. Allí estaba la foto de los tres. Recién bajados del escenario, con una inmensa sonrisa. Me sorprendió que la tuviera entre sus posesiones. Aquella noche debió de ser muy especial para él. No necesitó ningún agradecimiento.

Se acercaba el verano, y notaba que había llegado el final de un ciclo natural en el programa. Nos reunieron a los presentadores y nos comunicaron que habría un cambio de productora.

Era una información que, teóricamente, yo no debía saber, pero siempre me ha podido el sentido del compañerismo, incluso cierto sindicalismo aficionado. El equipo con el que trabajaba era como mi familia, y no podía mirarlo sin pensar en lo que me habían dicho.

—En verano podemos inventarnos este juego y este otro. Quedarían muy bien —decía algún compañero.

—Es que me parece que no vais a estar en verano; es mejor que lo sepáis —les dije.

Supongo que los jefazos de la productora ya lo sabían, pero muchos de los que formaban el equipo no. A mis jefes no les gustó que me metiera en sus asuntos, y creo que eso precipitó el fin de mi periplo en el programa, aunque tampoco tengo la certeza de que me hubiera quedado de haberme callado: hubo muchos cambios. Ya habían prescindido de mi compañero, David Carrillo. Lo que más pena me dio fue experimentar algo que pasaría más veces a lo largo de mi carrera: un equipo que me gustaba mucho y con el que había trabajado muy a gusto se disolvía de la noche a la mañana.

Aquel verano, el último en *Club Disney* —como el título de una novela—, presenté el programa en su formato playero con un nuevo equipo del que al principio recelaba por no conocerlo de nada, pero al que enseguida cogí cariño.

Lo recuerdo como un infierno de calor continuo. Un día tuvimos que parar la grabación porque las cámaras estaban ardiendo y los operadores no podían tocarlas.

Jimmy se incorporó al equipo de presentadores. Era un chaval majísimo y lleno de energía. Sabía que eran mis últimos días, así que me costó encontrar ese vínculo especial con él. Era consciente de que dejaría de verlo en unas semanas y no tenía ganas de más despedidas.

Aquel verano, El Canto del Loco, capitaneado por Dani Martín, vino a hacer una de sus primeras actuaciones. Mi historia se vincula a esta banda de varias maneras. Si no me fallan los datos, fue la primera vez que salieron en televisión. Chema, el guitarrista, me lo contaría años después antes salir a actuar en su primer *sold out* en el Palacio de Deportes de Madrid.

Presentaban su canción «Pequeñita», el primer *single* de su álbum debut. Recuerdo que les apetecía bañarse, pero no habían traído bañador, porque no solían actuar en un set playero.

—Jordi tiene bañadores.

—Jordi, ¿tienes bañadores?

—Pues sí.

Tenía un montón que utilizaba para presentar el programa, de todos los colores y diseños. Fuimos al camerino-oficina de producción que teníamos cerca del set de grabación y presté bañadores a los cinco. Se cambiaron a toda prisa, sin complejos, yo mirando al techo para no ver nada, y en un pispás estaban haciendo el gamba como rockeros entre las olas.

Con el final del verano, cuando viene esa ligera melancolía y se abandonan los amores estivales de los poemas y las canciones, se acabó la grabación. Lo celebramos comiendo espetos en la arena con todos los miembros del equipo, de los que solo dos sabían que eran mis últimas horas como pirata. Dije adiós al club mientras se ponía el sol.

Cuando empezó la nueva temporada y mi cara no estaba entre los presentadores, recibí muchas llamadas con preguntas y dudas: «¿Qué ha pasado? ¿Qué has hecho? ¿Por qué?».

Quizá me hubiera gustado quedarme un poco más, quién sabe, pero las cosas a veces acaban porque debe ser así: las cosas terminan cuando toca. Y otras empiezan de cero.

14

Hola, «artemaniacos». ¡Esto es *Art Attack*!

Andaba yo tan tranquilamente por los pasillos del edificio Gorbea, en cuya última planta tenía Disney su sede, cuando se abrió una puerta y oí una voz que me llamaba, como si fuera un extraño cuento de hadas. Por entonces, en 1998, empezaban los canales digitales, y la empresa quiso abrir The Disney Channel al mismo tiempo en varios países de Europa: Alemania, Francia, Italia y España. La idea era que se emitiesen los mismos formatos en todos los países, y uno de ellos era *Art Attack*, un programa de manualidades que se llevaba emitiendo en Reino Unido desde tiempos inmemoriales con gran proyección internacional. El Manitas, el presentador y creador del programa, Neil Buchanan, era una estrella en ese país. De hecho, alguna vez lo han «acusado» de ser el misterioso artista urbano Banksy, aunque él lo ha negado. Ahora en YouTube hay infinidad de vídeos de manualidades, pero por entonces no había nada similar en televisión (ni tampoco existía YouTube).

En aquella habitación del pasillo del edificio Gorbea estaban reunidos algunos directivos internacionales de Disney, casi todos británicos, pensando en quién podría presentar la versión española de *Art Attack*, cuál sería el perfil perfecto para ese nuevo proyecto. En esas, me vieron pululando por allí. Mi jefe de *Club Disney*, que estaba en la sala, debió decir: «Mirad, ese chaval es Jordi, uno de los presentadores de *Club Disney*... No lo hace mal. ¿Probamos?». Se abrió una puerta y me llamaron. Una vez dentro, sobre la marcha, sin estar preparado, me dijeron que leyera unos papeles, que presentara algo. En fin, fue un *casting* a quemarropa. Mejor, me ahorraba los ensayos y los nervios... Y les pareció perfecto.

—Vas a presentar *Art Attack* —me dijeron en ese momento, antes de salir por la puerta.

Y eso hice. Lo presenté durante siete años. Ni siquiera conocía el formato. En aquel tiempo internet estaba empezando y YouTube era un sueño futuro, de modo que conocer programas extranjeros era casi imposible, a no ser que te fueras a ver la tele al extranjero. Pero me gustó la idea de presentar un programa de manualidades, porque me encantaban.

Durante los tres primeros años, estaba pluriempleado: tuve que compaginarlo con *Club Disney*. Cuando tocaba grabar *Art Attack*, me iba a un pequeño pueblo del Reino Unido llamado Maidstone, a sesenta y dos kilómetros al sureste de Londres. Pasé temporadas muy locas. El domingo por la noche llegaba a aquel pueblo en la campiña inglesa, grababa toda la semana con estrictos horarios ingleses, todo muy bien coordinado (en España no es siempre así), hasta el jueves. Los viernes regresaba a Madrid muy temprano para grabar el programa del domingo. El sábado por la mañana hacía *Club Disney* otra vez, pero en directo. Y vuelta a Londres.

Aquel programa tenía algunas diferencias con *Club Disney*. Lo más importante fue que no se emitía en abierto, sino en The Disney Channel, un canal de pago, de modo que el público era más limitado. Aunque se emitía durante gran parte del año, en dos semanas se grababa toda la temporada. Era más experimental, y así nos los tomamos. Al final acabó emitiéndose en un canal generalista, Telecinco, después de *Club Disney* (hacía doblete en pantalla), y eso acrecentó su éxito. El programa lo petó.

Fui por primera vez a Maidstone el 16 de febrero de 1998. Hacía frío, típico del invierno inglés. Al llegar, tuvimos una reunión con todo el equipo. Viajaba con una directora/productora —los primeros años Mamen de Blas, luego Almudena Castillo, pero los últimos y más especiales, Marina Sconocchini—. Los españoles (la productora/directora y un servidor) fuimos los primeros en pasar por allí, el típico pueblo que te imaginas cuando te hablan de una villa inglesa. Nos alojábamos en un hotel en las afueras, cerca de Maidstone Studios («*The UK largest HD facility*», según su publicidad). La vida era de allí al estudio y del estudio allí, así que tampoco hice mucha relación con los vecinos ni pude alternar en el pub. El equipo era angloparlante. Yo hablaba inglés, pero de aquella manera. De todos modos, la comunicación fue posible porque una persona traducía los guiones y hacía de enlace e intérprete entre unos y otros. La primera vez estábamos algo nerviosos por hacer un trabajo para Disney, tener un equipo internacional, etc., pero salió bien. Eso sí, esa primera semana probamos infinidad de formas de grabar hasta dar con la óptima. Fuimos conejillos de Indias.

El decorado era de verdad. Es decir, el gran lápiz no pintaba, claro, pero era de madera. Y así con la paleta, la goma, etc. Todo con su buen peso, y perfectamente colocado. No era cartón piedra. Al principio del día se grababan las entradas del programa, que era cuando yo salía de detrás de la paleta y decía:

—Hola, «artemaniacos». ¡Esto es *Art Attack*!

Y empezaba el *show*. Se grababa al principio porque se utilizaba una grúa que llevaba la cámara entre los elementos. Era la parte más delicada de grabar, pero nunca tuvimos problemas. Debía salir mirando a la cámara, pero un día debí aparecer como un miura, «Hola, "artemaniacos"», y con el hombro toqué el gran lápiz que estaba a mi izquierda. Horror. El lápiz se cayó y, por efecto dominó, se desplomaron todos los demás, pum, pum, pum, hasta que todo el decorado quedó en el suelo, con un gran estruendo. Fue rápido, pero se me hizo eterno. Cuando acabó, regresó el silencio. Y yo en medio de aquel desaguisado, encogido de hombros. Qué vergüenza. Al menos salí ileso. «Me acabó de cargar el plató», pensé. Los ingleses fueron muy amables, no gritaron ni nada. Eso sí, aquel día tuvimos que parar para arreglarlo todo.

Cuando arrancas un programa de televisión, todo tiene sus tiempos. Hay muchos detalles que decidir y pocos se dejan a merced del destino. En *Art Attack* ya habían elegido el vestuario del presentador para todos los países: la famosa sudadera roja, los pantalones... Excepto las deportivas en las que, no sé por qué, nadie había reparado. Fuimos a un centro comercial a comprarlas y escogí las que más me gustaron. Como había sentado precedente, el resto de los presentadores de otros países utilizaron el mismo modelo para no desentonar. Fue mi incursión en el mundo del estilismo televisivo, y estoy orgulloso de ello. Si te fijas, en los primeros programas de *Art Attack* hay algún fallo de vestuario: salgo presentando con una camiseta de manga corta, pero las manos que hacen las manualidades en el plano cenital, las famosas manos de *Art Attack*, llevan una de manga larga. Es un punto muy importante. La gran pregunta que me han hecho millones de veces y en todos los escenarios posibles —en entrevistas, de fiesta, en un entierro (esto es real)— es:

—Jordiiii, ¿las maaaanos son tuyaaaaaas?

Un contrato con mister Mouse no me deja decirlo. Pero todos lo sabemos, ¿no? Eran, como decían los que se encargaban de editar el programa, unas *hands salad* que se utilizaban para todas las ediciones de todo el planeta. En televisión el tiempo es oro, así que lo que tuvieran grabado de años anteriores era un ahorro.

Las manualidades se preparaban en un gran taller situado fuera de los estudios. Muchos de los graduados en Bellas Artes del Reino Unido querían acabar trabajando allí, tenía mucho prestigio. Durante cinco o seis meses, aquellos creadores tenían carta blanca para trabajar en los proyectos que se les ocurriesen, y eso aumentaba su eficiencia y creatividad. Hacían cosas maravillosas.

Intentaba que aquellos artistas me contaran sus secretos. Me lo pasaba fenomenal en el taller, y creo que eso fue parte del éxito: como lo había vivido de cerca, podía comunicarlo con pasión y conocimiento. De ahí vienen frases célebres del tipo: «Utiliza todo el celo que necesites», «Mejunje *Art Attack*» o «Así, muy bien, perfecto».

En el rodaje había cuatro personas que se dedicaban a las manualidades. Una supervisaba que lo contáramos por pasos y que la manualidad se viese bien. Otra, que dispusiera de los elementos necesarios para hacerla. Algunos vigilaban que las manualidades acabaran el rodaje sanas y salvas. Eran muy valiosas, porque las que usábamos en la versión española luego se utilizaban al grabar las ediciones de otros países. No podían romperse. A veces había cierta tensión.

En cada programa de *Art Attack* se hacían tres manualidades. La primera era la más grande y espectacular, la más trabajada. La segunda era más normalita. Y la tercera, mi preferida, resumía trucos sencillos con los que se obtenían grandes resultados. Por ejemplo, para dar sensación de movimiento y velocidad en un cómic, tenían que dibujarse unas sencillas líneas cinéticas. Así de fácil. Me gustaban estos trucos porque todo el mundo podía aprovecharlos.

Es cierto que, como se quejaban algunos seguidores, muchas

manualidades no eran fáciles para los peques y, a veces, podían provocar frustración. Nosotros las pintábamos sencillas, pero en muchos casos hacía falta mucha habilidad, paciencia y, si era necesario, pedir ayuda a los mayores. Entre padres y niños, en casa se volvían locos. Algunos profesores utilizaban aquellas creaciones en las clases de Plástica.

Muchas veces, los frutos no eran los esperados, como la diferencia entre las flamantes hamburguesas que salen en las fotos de los restaurantes de comida rápida y lo que te sirven en realidad, mucho más cutre y tristón. Pero lo importante no era el resultado, sino el proceso, fomentar la creatividad y divertirse. Siempre hacía hincapié en que debían disfrutar del proceso. Al fin y al cabo, no era una competición, sino crear arte. Ver el programa podía ser placentero, sin necesidad de manualidades, igual que uno puede pasar el rato en el sofá viendo cómo Karlos Arguiñano prepara una fabada o cómo los de *Bricomanía* arreglan un sofá.

Cada año, el mismo equipo técnico se encargaba de la edición española, de modo que, con el tiempo, se creó un ambiente de familiaridad y camaradería, que es lo que más me gusta de la tele. Nos trataron tan bien y fueron tan hospitalarios que solo tengo buenos recuerdos. Cuando nos reencontrábamos, comprobábamos cómo habíamos cambiado, veíamos cómo habían crecido los hijos de cada uno. El hotel Hilton, una especie de resort con habitaciones tan espectaculares que no me explicaba qué hacía allí —quizá había muchos viajes de negocios en la zona—, también se volvió familiar. Todo estaba decorado con los mismos colores: rosa, verde pastel y blanco. Por todas partes. No cambiaron en los siete años que pasamos por ahí, así que era como volver a casa. Las habitaciones eran enormes, con dos camas gigantes, muy lujosas, aunque en dos minutos me encargaba de que aquello pareciese una leonera, con toda la ropa tirada por el suelo. Iba a ser mi hogar las siguientes semanas, así que debía acoger mi desorden habitual. Nunca me ha disgustado vivir largas o medias temporadas en hoteles, pero no me agrada pasar solo una noche, porque quiero probarlo todo antes de irme: el *jacuzzi*, el *spa*, los canales de la tele, la piscina, el gimnasio o los platos del bufet, así que me vuelvo loco. Cuando voy a un evento o a un premio a otra ciudad y me ponen en un hotel fantástico de cinco estrellas, me falta tiempo para exprimir al máximo la habitación.

El Hilton de Maidstone tenía una maravillosa piscina cubierta: cuando volvíamos de las largas grabaciones, era fantástico relajarse con un baño. La tele solo tenía canales en inglés, así que el equipo fue muy majo y me pusieron una de aquellas teles con vídeo integrado, todo en un aparato, y me traían cintas de VHS para ver pelis o series en español. También vi una en inglés que me marcó, *Queer as folk*, la versión inglesa original, no la estadounidense. Cuando no entendía una trama, apuntaba la escena, y al día siguiente preguntaba a algún compañero qué había pasado en ese el capítulo. Así iba descifrando la serie.

Recuerdo con especial cariño y apetito la Caesar Spice Cajun: me pasaba el año esperando volver a Maidstone para catar la ensalada de mis sueños. Cuando llegaba, lo primero que hacía era pedirla: gigante, con trozos de salmón, salsas y parmesano que removíamos para formar una pasta uniforme. Todavía se me hace la boca agua. Temía que la quitaran de la carta... El último año mis peores pesadillas se convirtieron en realidad: la habían eliminado. Era una señal del universo del final del programa. Qué decepción. La buena noticia es que preguntamos por la Caesar Spice Cajun y, cuando vieron esa mezcla de ilusión y desesperación en nuestros ojos, nos la prepararon. ¡Viva la hospitalidad del hotel Hilton de Maidstone!

A veces coincidíamos con presentadores de otros países y

había tiempo para confraternizar. Recuerdo que Philippe, el francés, tenía una hija recién nacida; viajaba a diario de París a Maidstone por el Eurotúnel para estar con su familia. La edición española quedaba muy bien y siempre se ponía como ejemplo a otros países. Recuerdo que el presentador japonés era tan fan nuestro y tan minucioso que había memorizado nuestros capítulos. Al grabar, hacía mis chistes espontáneos, fuera de guion. Cuando nos conocimos, me presentó todos sus respetos, como si fuera su ídolo. En otra ocasión hubo un pequeño fuego en el hotel y tuvimos que salir a la calle en mitad de la noche, despeinados, con la legaña puesta, en pijama... Menos el presentador alemán, que iba muy elegante. Nos extrañó, así que empezamos a especular con que quizá había sido él el autor del fuego. En broma, claro.

Es curioso que no me haya quedado con ninguna cinta grabada de los programas que he hecho o con recuerdos de lo que se filmó. Valoro más la experiencia personal con el equipo, las relaciones humanas que creas durante el rodaje. De *Art Attack* me llevo a una amiga para toda la vida, Marina. Era la directora/productora del programa. Cuando empezó, no nos conocíamos, pero se convirtió en mi compañera de aventuras británicas y por todo el mundo. Ella se tragó algunos de los peores momentos de las grabaciones. Por ejemplo, en la penúltima temporada, empecé a encontrarme muy mal, cansado, no podía con mi alma. No era normal, porque lo había hecho muchas veces, pero sentía que me agotaba. Soy muy mal enfermo, porque enseguida le resto importancia, digo que no pasa nada, que podemos continuar, y acabo peor. Pero pidieron que me atendiera un médico y fuimos a un centro comercial donde se encontraba su consulta. Me hicieron todas las pruebas —temperatura, tensión, etc.—, y vieron que estaba a 39 de fiebre. Pidieron una analítica de sangre y descubrieron que tenía mononucleosis, la famosa «enfermedad del beso» que te deja exhausto. Aquella era la razón de mi cansancio.

Fue complicado, porque estábamos en mitad de la grabación y la enfermedad podía tardar en curarse. Llamé a mis padres. Me dijeron que volviera a Barcelona, pero por suerte pasó rápido y fue leve. La pregunta: era ¿dónde había pillado la mononucleosis? ¿Me la habían contagiado con un beso? ¿Cuál? Resultaba que sí, que había sido cosa de un beso, pero de uno inocente, de amigos. Poco tiempo antes había viajado a Nueva York y había quedado en Times Square con unos españoles que había conocido en el viaje que había hecho años atrás con mi hermano. Nos hacía gracia reencontrarnos. Fue un momento tan fugaz que ni siquiera tomamos algo en un bar, pero me contagié con los besos de despedida. Lo supe años después: aquellos chicos habían pasado la enfermedad de una manera tremenda. Uno estuvo a punto de morir. Alucinante.

Otra anécdota divertida la protagoniza la mayor burrada que cometimos allí. Era la final de *Operación Triunfo 2*, y queríamos verla. Nos cogió en plena semana de grabación. Al terminar, fuimos a Londres en tren. Encontramos un bar español, de gallegos, que nos pusieron el canal internacional en la tele. Aquel año ganó Ainhoa cantando «Sobreviviré», de Mónica Naranjo. Lo pasamos fenomenal, aunque la gala acabó muy tarde y a la mañana siguiente teníamos grabación. Cogimos un taxi de vuelta y pedimos al conductor que nos llevara al hotel. Después de un buen rato de viaje nocturno, cerca de una hora, medio dormidos, nos dijo que habíamos llegado. Pero no fue así: aquel pueblo no parecía el nuestro. Estaba claro que no era Maidstone, o al menos no el que habíamos conocido. Resulta que, debido a nuestra mala pronunciación, el taxista, que era egipcio, había entendido otro lugar de nombre parecido que ni siquiera recuerdo, donde también había un Hilton. Estábamos en el punto opuesto del mapa. Eran las dos de la mañana. Tuvimos que coger el mapa, indicarle nuestro destino real e iniciar otro largo viaje nocturno, con todo el cansancio a cuestas, pero alertas para coger el camino correcto. La broma nos costó una fortuna, llegamos a las tantas y tuvimos que inventarnos no sé qué excusa, porque nadie sabía que habíamos ido a pasar la noche a Londres en mitad de la semana de grabación. Pero vimos la final de *Operación Triunfo*.

Cuando la gente me pregunta si *OT* es importante para mí, me gusta contar esta anécdota. Y lo cierto es que ese programa es de mis favoritos, quizá no tanto por la música o por los artistas, sino por el formato. Creo que todo encaja: el *casting*, el jurado, las actuaciones, la academia. Te entretiene y te engancha veinticuatro horas y te olvidas de tus problemas. Pienso que es un gran producto televisivo creado en España por Gestmusic. De hecho, me encantaría presentar ese transatlántico, pero sé que quizá no sea la persona idónea. Aunque, quién sabe, todo puede pasar.

Para Latinoamérica se hizo otra versión de *Art Attack* presentada por el mexicano Rui Torres. Tuvo una historia muy trágica: su hija de dos años falleció por una pulmonía, él cayó en una depresión y murió a los treinta y un años. Fue una tragedia, un mazazo para todos los seguidores y la comunidad del programa. Habíamos coincidido dos veces en Maidstone. Era un tipo genial.

No me enteré de lo ocurrido, y me sorprendió recibir cartas de fans de Latinoamérica, de gente que veía *Art Attack* al otro lado del charco y que, no sé mediante qué procedimiento, conseguía mi dirección y me escribía. Ese punto sigo sin tenerlo claro. Al principio no sabía a qué se debía y alucinaba en colores. ¿Me conocían? Pronto descubrí que, tras la triste muerte de Rui Torres, estaban emitiendo el *Art Attack* español en esos países, creo que incluso doblado al español latinoamericano. Así, sin comerlo ni beberlo, me convertí en una cara conocida en países como México, Chile, Colombia o Argentina. Incluso hice videollamadas con algunos de sus seguidores.

Recuerdo que en mi contrato con Mickey Mouse decía que el programa se podía emitir en todos los aparatos inventados o por inventar, y no solo en el planeta Tierra, sino en cualquiera por colonizar. En 1998 era difícil prever el iPhone o las plataformas audiovisuales en streaming, pero se curaban en salud... En todo el Universo.

Así como en España yo era el presentador de *Art Attack* genérico, en Latinoamérica era al contrario: sustituía al queridísimo y malogrado Rui Torres. Era el español que usurpaba su puesto y para algunos fans nunca le llegué a la suela del zapato. Luego se acostumbraron.

Me impliqué con el equipo, era uno más. El segundo año conseguí que pusieran música en los momentos muertos de las grabaciones. No para que la escuchara yo, sino para todos. La idea era que cada uno trajera su música. Yo traía la mía española; ellos, sus temas ingleses. Si alguien era fanático del jazz, se escuchaba jazz en el estudio. Eso unía a la tropa. Era genial.

Dejamos de hacer el programa en 2004. La octava temporada fue triste. Sabíamos que era la última, una aventura que no se iba a repetir. En aquel rodaje fuimos cada noche a cenar a casa de un miembro del equipo: de la maquilladora, de la productora, de un cámara... Fue una concatenación de celebraciones diarias. El último día de rodaje, como colofón, hicimos una gran fiesta con el dinero que habíamos ahorrado de las dietas. Tras la última copa, nos hicimos regalos, nos dimos camisetas, tazas, etc. Fue una despedida muy bonita, el cierre de una etapa.

Soy muy malo para las relaciones públicas y me pesa no saber mantener el contacto con la gente. Aunque ahora me da miedo recuperarlo, saber, de pronto, que a alguien le ha pasado algo malo o que ha muerto, me afecta. De aquella época me gusta recordar mi relación con Carmen, la traductora del programa y mi gran compañera en aquel estudio lleno de lápices y botes gigantes. Entre toma y toma, nos contábamos nuestro último año: romances, decepciones, locuras.

Y también con Jane, la corpulenta maquilladora, que estuvo a mi lado en todo momento, desde la primera temporada. Trabé con ella una bonita relación de confianza. Se parecía a Peebles, la de *Los Picapiedra*, pero en versión adulta: una señora con una sonrisa enorme y una cara con mofletes sonrosados, muy inglesa, con el pelo rubio. Mantenía una muy buena relación con los españoles. De hecho, se convirtió en algo así como mi mami en Inglaterra. Siempre estaba detrás de la cámara y sabía conectar conmigo: si el regidor decía algo y yo no me enteraba, me echaba una mirada que yo comprendía, para que estuviera al loro. Cuidaba de nosotros, nos entendíamos cruzando miradas. Recuerdo que me aprendí la letra de «Dancing Queen» de ABBA porque ella me la deletreaba hasta clavar la pronunciación. Luego me contaba su vida, me hablaba de una relación chunga que tuvo y de cómo cantaba el «I Will Survive» por despecho. Cuando me hice un tatuaje en el antebrazo —el 14, mi número favorito—, le di el mayor disgusto posible, porque tenía que disimulármelo, pobre. Jane es de esas personas con las que me gustaría reencontrarme. Me encantaría volver a reunirme con la gente de *Art Attack*, pero, aparte de ser muy difícil —porque es una época que el tiempo se llevó—, tengo miedo de estropear aquel recuerdo tan bonito y cristalino con malas noticias.

No recuerdo *Art Attack* como un trabajo, sino como un campamento de arte anual. Se convirtió en algo así como un programa de culto para varias generaciones, y mucha gente lo asocia con su infancia y juventud. Y eso mola. Hay gente que luego se dedicó al arte y que me dice que fue gracias a aquel programa. Siempre digo que no fue por nosotros: solo despertamos en muchos niños algo que tenían dentro. Por suerte, hubo un programa que lo puso en valor. Y es que no hace falta ser un experto para ser todo un artista.

No puedo terminar este capítulo sin dar las gracias a mi madre. Ella fue la que, año tras año, calmaba al Jordi «que quería hacer cosas diferentes» y conseguía que firmara otra temporada en *Art Attack*. Me hacía reflexionar y ver el valor de lo que estaba haciendo. Si no hubiera sido por sus consejos, hubiese dejado el programa antes de tiempo.

15

«Trentatrés»

Nunca había trabajado en el mundo del doblaje. Tampoco me gustaban los insectos que servían de alimento a los pájaros, a los que, como he dicho, tengo fobia desde niño. Pero el destino hizo de las suyas y acabé doblando al castellano al protagonista de la película *Bichos*, de Pixar, que se estrenó en Estados Unidos el 25 de noviembre de 1998.

Trataba sobre una colonia de hormigas que vivía temerosa de unos saltamontes que, año tras año, iban a buscar la cosecha. Yo doblaba a Flik, una hormiga muy creativa que inventaba cosas para asustar a esos saltamontes. En la peli hay un discurso muy valioso que defiende a todas las hormigas oprimidas del mundo, diciendo que podrían unirse para enfrentarse a los opresores. En las pelis de Pixar, bajo una apariencia desenfadada, siempre hay un mensaje muy potente que te cuelan como un caballo de Troya.

Ahora es diferente, pero entonces la voz del doblaje se tenía que parecer lo máximo a la voz del actor original. En Disney nos ponían, por ejemplo, veinte vídeos de la misma secuencia de *La bella y la bestia* en diferentes idiomas para que comprobásemos cómo se parecían las voces: era hipnótico. No encontraban a la persona cuya voz encajase en *Bichos*, que en la versión estadounidense había hecho el experimentado cómico y actor de doblaje Dave Foley.

Alguien del equipo de doblaje me oyó en la tele y se dio cuenta de que mi voz se parecía mogollón, así que quizá podría interesarles. Me llamaron para hacer una prueba. Lo cierto es que ya había tenido una pequeña experiencia de doblaje en una peli de Disney, *El regreso de los mejores*, que trataba sobre Los Patos Poderosos, un equipo de hockey. Esa producción podría encabezar el Top 1 en el *ranking* de Mi Peor Experiencia Laboral.

En aquel momento no se doblaba como ahora, con ordenadores que graban diferentes pistas, donde se va registrando de forma individual, se monta y todo se puede arreglar en posproducción. Si había muchos personajes en la secuencia, se grababan todos a la vez. En la misma sala, nos apretujábamos todos los actores delante del micrófono. Yo era el que tenía menos experiencia porque, de hecho, era igual a cero. Hacía de comentarista de los partidos de Los Patos Poderosos y tenía que decir la frase: «Y meten gol en el minuto treinta y tres». La recuerdo perfectamente.

Al ser catalán y haber estado de un lado a otro, me salía «trentatrés», o algo así, sin la i latina y sin la y griega entre las dos palabras.

Vaya, que no lo decía bien. En la secuencia éramos tropecientos actores recreando el clamor de un partido de hockey, con toda su emoción, hasta que me tocaba a mí, que solo tenía que decir la última frase para cerrar la grabación:

—«Trentatrés».

—¡Corteeeeeeeeen! ¡Otra toma, por favor!

Siempre me equivocaba. Siempre me equivocaba. Siempre me equivocaba. Iba viendo la tensión y el hartazgo en los rostros de mis compañeros, alrededor del micrófono, que tenían que repetir la secuencia una y otra vez para que al final llegara yo:

—«Trentatrés».

Y lo estropeara de nuevo.

Después de tropecientas tomas, me salió, pero es la única vez que me he ido llorando de un trabajo. Todo el mundo fue muy amable y profesional, y nadie me gritó por equivocarme, pero me pudo la tensión. Salí pensando que no era lo mío y que nunca lo volvería a hacer.

Pero hete aquí que en *Bichos* iba a protagonizar una película como actor de doblaje. Tenía ganas, pero también miedo al recordar aquella escena traumática locutando el partido de Los Patos Poderosos. Me enfrenté a mis miedos. Me aseguraron que cada uno grabaríamos nuestra parte por separado y que no me vería en la grabación colectiva que me había puesto tan nervioso aquella vez. Me relajé: al menos, no le iba a fastidiar la tarde a un compañero. En aquella ocasión tuvimos que hacerlo de una forma poco habitual para que saliese bien, incluso compleja, pero me habitué con facilidad. No podía aprenderme el texto y decirlo mirando a la pantalla, intentando que encajase en la boca del personaje. Era como si se me fuesen las palabras de la memoria, pues no tenía la práctica memorística de un profesional. Decidimos ir frase a frase, poco a poco, y me salía. La experiencia en la radio hacía que tuviese una especie de reloj en la cabeza para calcular cuánto tenía que durar una frase y cómo modularla para que encajase en el tiempo. En la radio muchas veces hay que estirar o recortar los discursos para que entren, y eso me ayudaba. El director me daba un golpecito en la espalda y yo lanzaba la frase milimétricamente cuadrada. No fallaba.

Doblamos *Bichos* en un par de días. Fue muy bien, tanto que la mandaron a Estados Unidos para que la revisaran y no hicieron ninguna corrección, algo inusual. En aquella época no era habitual utilizar como reclamo que un personaje conocido doblase películas de animación. Ahora, si el personaje tiene tirón, lo señalan hasta en el cartel para atraer al máximo público posible. Pero entonces nadie se enteró de que yo era la voz de Flik, ni tampoco lo dije demasiado.

El filme se estrenó en un cine de la Gran Vía madrileña, con el famoseo propio de estas ocasiones y el director de la película, John Lasseter. Quiso la casualidad que ese día estuviese allí trabajando como reportero, mientras grababa un reportaje en la alfombra roja. De pronto, se me acercó una responsable de promoción de Disney:

—Pero, Jordi, ¿tú has doblado la película?

—Pues sí.

—¿Y qué haces aquí? ¡Tienes que estar dentro! ¡Es el estreno!

Así que pasé de estar de currito fuera a sentarme al lado del director. En un momento dado lo presentaron y le enfocaron un cañón de luz para que la gente le aplaudiera. Lo que yo no sabía es que también me iban a enfocar a mí para recibir la atención de los espectadores. Aprovecharon para mover un poco el foco a la izquierda y allí estaba yo. Lasseter se tragó toda la peli en castellano sin entender nada, con la de veces que la habría visto entre montaje, estrenos y demás. Pero aguantó, es su trabajo.

Yo lo pasé peor, porque aún no había visto el resultado final y estaba convencido de que había quedado fatal. Cuando la escucho ahora, me sigue rechinando, pero me han dicho que es normal cuando la voz que usa el personaje es la tuya: no llegas a meterte en la historia. Además, tengo mucho cuidado con el intrusismo profesional, no me gusta meter los pies en charcos que no son los míos, porque siento mucho respeto por los profesionales del sector, su formación y su experiencia. A la gente, al contrario, le encantó mi doblaje, pero yo me iba hundiendo en el asiento. Qué vergüenza.

Al final de la peli, alguien me tocó en la espalda. Era Lolita, la artista.

—Muy bien, Jordi, muy buen trabajo, me ha encantado.

Si a Lolita le gustaba, algo habríamos hecho bien.

Hace poco, gracias a la magia de Twitter, me reencontré con la actriz que dobló a la pequeña princesa Dot. Tenía cuatro años cuando puso voz al personaje. Ahora es muy conocida: nos hace bailar al ritmo de su música y nos canta eso de «In Spain we call it *soledad*». Es la gran Rigoberta Bandini. Su nombre real, Paula Ribó.

Mi mayor experiencia de doblaje fue con Harry Potter, un enorme fenómeno editorial. La historia del niño mago en el colegio Hogwarts de Magia y Hechicería había conquistado a millones de niños y adultos por todo el planeta. Como suele pasar, no tardaron en hacer las películas, cuya primera entrega se estrenó en 2001. Como había trabajado en *Bichos*, el mismo director de doblaje, Guti, me llamó para participar en *Harry Potter* y acabé trabajando en todas las entregas de la saga. Tengo que ser sincero: cuando me llamaron, conocía el fenómeno, pero no me había leído los libros. El tema de la magia no me atraía.

Recuerdo que, cuando empezamos a doblar la primera entrega, el filme estaba a medio hacer, sin efectos especiales, con cromas por todos lados y una enorme marca de agua de Warner Bros. sobre la imagen. La película y el doblaje se grabaron al mismo tiempo en todo el planeta para hacer un estreno mundial. Era una maquinaria global perfectamente engrasada, con muchos equipos simultáneos: impresionaba formar parte de eso. Además, me encantó participar en una saga. Mi personaje era Fred Weasley.

Casualidades de la vida hicieron que también me encargaran

el doblaje del videojuego. Entre todas las frases que tuve que grabar, recuerdo contar del uno al cien, incluyendo la famosa coletilla «Grageas Bertie Botts de todos los sabores». De la saga han sacado muchos productos y eventos. Una exposición chulísima en Ifema, con elementos de la película, trajo a España a los actores que interpretaban a los gemelos Weasley, James y Oliver Phelps, para inaugurarla. Había gente famosa y una gran alfombra roja, sobre la que pasé muy rápido sin mirar a nadie por mi timidez. Entonces llegaron los Weasley como grandes estrellas. Como estaban muy solicitados, me dio vergüenza hablarles porque todo el mundo quería hacerse una foto con ellos, pero se lo pedí a la responsable de prensa y pude conocerlos y pasar un rato charlando. La gente alucinaba: «¿Qué hace el presentador de *Art Attack* con los hermanos Weasley?». Les explotaba la cabeza. Eran tipos muy altos, de 1,90 metros, y allí estaba yo, entre dos rascacielos, practicando mi inglés de pueblo. Pero nos entendimos. Me dijeron que viajaban por todo el mundo inaugurando exposiciones de Harry Potter y que para ellos era muy gratificante que sus personajes fueran tan queridos. Son muy majos. Además, habían escuchado su doblaje en español y me felicitaron. Debe de ser un poco raro conocer a las personas que han interpretado tus palabras en otros idiomas. Pensándolo bien, después de volar con escobas, lanzar hechizos y luchar contra Voldemort, conocerme tampoco debió de ser tan raro.

16

Si te viera Mickey Mouse...

Cuatro Cabezas era una productora argentina muy conocida por haber creado infinidad de formatos, entre ellos el programa de humor político *Caiga quien caiga*, que producía Globomedia en España y presentaban, en su primera etapa, El Gran Wyoming junto con otros reporteros como Juanjo de la Iglesia, Javi Martín, Tonino o el cachondo e imprevisible Pablo Carbonell. Se hizo popular la imagen de los reporteros con traje negro y gafas de sol, haciendo preguntas audaces a los políticos en cualquier sarao, y creo que abrió paso a una escuela irreverente de la que siguen echando mano algunos programas que mezclan política y entretenimiento. Entonces era una novedad.

Aterrizaron en España para producir *El Trip* y *El Rayo*, que se emitió en Antena 3 los domingos por la tarde durante el año 2000, y que presentaba la popular Inma del Moral, que se había hecho famosa con *El informal*. La cabecera del programa, con ella gateando sobre la barra de una discoteca, ligera de ropa y encañonando una pistola, creó cierto revuelo. Además, el espacio tenía un montaje muy frenético, sin pausa, con efectos de sonido y grafismos que llamaban la atención. Los editores tuvieron que viajar a Argentina para aprender cómo se hacía un programa así. Entonces me llamaron porque necesitaban a un reportero para hacer reportajes frescos y divertidos, e hice la prueba con mis queridos Camela. La cosa salió bien y me cogieron.

La oficina estaba en el barrio de Chueca. No tenía horario. Siempre abierta. Los turnos de edición eran maratonianos, y si llamabas por el telefonillo casi siempre te contestaba alguien. Pasaba de una oficina perfectamente organizada, con sus puestos de trabajo calcados, unos al lado de otros, a una casa reconvertida en el cuartel general de Cuatro Cabezas. «Descontrol controlado» era la mejor definición. Pasaba algo cada segundo, y si no estabas allí, te lo perdías.

El método de trabajo era muy sencillo: pensabas en un reportaje y lo presentabas al director. Si te lo «compraba», ibas a tu productor, en mi caso Hernán, y lo organizaba todo. Con el OK del presupuesto, solo había que grabarlo y pasar lo mejor a los editores.

Necesitaba que Disney me dejase participar en aquel programa. Aunque mi aventura en *Club Disney* acababa de terminar, seguíamos manteniendo una relación contractual por *Art Attack*. Me dieron permiso con la promesa de que iba a ser todo muy blanco, con temas de cultura, sociedad y deporte. Así iba a ser el programa que me habían contado.

Sin embargo, a las dos semanas, lo pasaron de la tarde del domingo, para un público familiar, a los martes por la noche, muy tarde, con la intención de competir con el imbatible *late night Crónicas marcianas*, de Xavier Sardà. El tono cambió un poquito, se volvió más macarra y transgresor. Siempre digo que *El Rayo* fue como cuando lo dejas con tu primera pareja y te desmelenas. Descubres otra vida. Para mí fue eso.

En aquella nueva etapa subidita de tono me asignaron los temas más picantes por el morbo que tenía ver al «chico Disney» en esos submundos. Entrevisté a la actriz porno Cicciolina, hice reportajes sobre rodajes de pelis para adultos e incluso visité clubes donde todo estaba permitido. En uno de aquellos documentales entrevisté a una actriz mientras era penetrada por un actor: yo le hacía preguntas y el otro la embestía en la postura del perrito. Manel Fuentes recuperó ese vídeo para *Crónicas marcianas* y debajo pusieron un rotulo: «Si te viese Mickey Mouse...».

Al día siguiente me llamó mi jefe de Disney: no me iban a rescindir el contrato, pero quería, por favor, que dejasen tranquilo a Mickey Mouse. En otros reportajes menos pornográficos fuimos, por ejemplo, a entrevistar a Lenny Kravitz en un hotel de lujo de París. Le regalé un libro de flores para la hija que tenía con Lisa Bonet, Zoë —conocida por películas como *Mad Max* o *X-Men*—, y él me dio uno de sus célebres anillos. Lo perdí.

Ese día casi le provocamos un infarto a la responsable de prensa que venía desde la discográfica de España. La conocimos en la recepción del hotel y nos llevó a la habitación donde se iba a grabar la entrevista. Cuando te reúnes con un artista internacional es normal que te den ciertas indicaciones sobre cómo colocar la cámara o qué tipo de iluminación hay que poner. Pero en *El Rayo* éramos especialistas en no seguir las directrices. Nos pareció que la habitación era muy aburrida para entrevistar a Lenny, así que movimos los muebles y pusimos los cojines en una esquina. La idea era crear un espacio *chill out*. Para la responsable de prensa, aquel trajín de muebles quebrantaba las indicaciones que había recibido de su jefe.

—Esto no se puede mover. Esto no lo aceptarán los mánagers de Lenny Kravitz. Esto va a acabar mal.

Ella con el «esto» y nosotros con nuestra reforma sorpresa. La cosa se fue caldeando y de pronto Lenny entró por la puerta. Ella se quedó pálida.

Él miró el *chill out* improvisado que habíamos creado y, antes de que ella empezara a pedir disculpas, Lenny esbozó una sonrisa del tipo: «¡Eh, qué buena idea! ¡Me gusta!». En aquel momento el ambiente se relajó y las buenas vibraciones llenaron la sala. Fue una entrevista muy divertida, los dos acomodados entre cojines y de risas todo el rato.

Nos encantaba sorprender a los entrevistados. Una vez nos tocó ir a un rodaje internacional que se estaba realizando en España. El protagonista era Willem Dafoe (el hermano gemelo secreto de Mick Jagger). Cuando llegamos al set, tuvimos que esperar un rato. Se estaba rodando una escena de acción y, por lo visto, iban con retraso. Pensé que sería difícil entrevistar a un actor de fama internacional después de un día de rodaje. Me equivoqué. Tras un descanso, nos recibió en su caravana. Estuvo espléndido, muy amable. Al acabar, le dimos el regalo que le habíamos llevado: un queso buenísimo, con denominación de origen, acompañado con un buen pan de pueblo. Le encantó. Sacó un cuchillo y nos.pusimos a comer. Después de un duro día de trabajo, qué mejor que un buen queso curado encima de una rebanada de pan.

Conocí a otras grandes estrellas, como a Manuel Reyes, el Pozí, parte fundamental de la cultura *trash* televisiva de la época. No fue una experiencia agradable... Fuimos testigos de cómo las personas que estaban con él lo utilizaban y lo obligaban a hacer o decir burradas ante la cámara. Era tan incómodo que al final detuve la grabación y le dije a su representante:

—Estamos aquí porque nos fascina Manuel y el personaje del Pozí. Queremos conocerle y que nos cuente su vida. Esto no va de reírnos de él.

Su «representante» se molestó y ahí se acabó el reportaje.

Si hubo un momento estelar en este programa fue cuando acompañé a Yurena, en ese momento Tamara, al estreno de su *single* «No cambié» delante del público y las cámaras de televisión. En esa época, España se dividía entre «tamaristas» y no «tamaristas». Yo, obvio, estaba en el lado del sí. Cuando llegó la propuesta del reportaje, no hubo dudas para elegir reportero.

Debía acompañarla durante todo su gran día: ir a por el vestido, momento maquillaje y peluquería, subir a una limusina que nos llevaría a la discoteca Pasapoga, en la Gran Vía madrileña, y asistir a la actuación. Planazo.

De locos. Cuando llegamos a su casa y abrió la puerta, empezó la magia. No la conocía, pero al minuto me di cuenta de que lo pasaríamos bien. Recuerdo con cariño a su madre, Margarita. Su hija era lo más importante para ella y la defendía a toda costa. Al principio desconfió de nosotros, pero al rato vio que teníamos buenas intenciones. Al darse cuenta de que queríamos compartir ese día tan importante para su hija, bajó la guardia. Estuvimos hablando y vimos fotos de su vida. Qué amor y cómo miraba a su hija cuando hablaba de ella. Eran ojos de madre orgullosa.

El momento de llegar a la puerta de la discoteca fue surrealista. Primero iba a salir yo y pensaba cerrar la puerta del coche para que los medios grabasen cómo el chófer la abría de nuevo y ella salía. En cuanto la abrí para bajar, todos los fotógrafos y cámaras se me echaron encima y no pudimos cerrarla de nuevo. Salió Yurena y, juntos del brazo, bajamos las escaleras. ¿La pareja de moda?

Aclarado el tema, dentro del local, llegó el momento de la actuación. La sala estaba hasta la bandera. El fenómeno «No cambié» arrastraba mucho público.

—Suerte. Saldrá fenomenal —le dije segundos antes de que subiera al escenario.

Después de pasar el día con ella, fue como desearle suerte a mi compañera de clase antes de que saliera a actuar en la función de fin de curso.

Lo hizo fenomenal. El público enloqueció con su *show*. Antes de irse, agradeció a todo el equipo del programa el día que habíamos pasado con ella. Me hizo subir al escenario y, delante de todo el mundo, nos plantamos un beso en los labios.

En muchas fiestas y grabaciones he tenido la suerte de coincidir con ella. Nunca hemos hablado de ese día ni de ese momento. Mi timidez y el que se haya olvidado me hacen dar un paso atrás y no decirle nada. Así soy de tonto. A veces.

El Rayo fue una locura. Un día, mientras grabábamos un reportaje sobre la noche en Barcelona, llegó un burofax a la oficina. No haría falta montarlo. El programa se había cancelado.

Cerraban el parque de atracciones antes de montar en la montaña rusa. Quedaban pocas semanas para carnaval y el plan era ir a grabar a Río de Janeiro. Hernán, el productor, tenía contactos y había conseguido que pudiéramos estar en el interior del Sambódromo con una comparsa. Ya me veía repitiendo el mismo baile una y otra vez vestido con ropa de colores chillones y una gran corona de plumas.

Ese burofax se llevó Río y lo más importante, un equipo que parecía una fraternidad universitaria en su época dorada.

Años después, un equipo nuevo de Cuatro Cabezas volvió a España con la misión de resucitar *Caiga quien caiga*. Me hicieron una prueba. Tuve varias reuniones con ellos, bastante exigentes. Había que tener mucho desparpajo, cara dura: lanzar la pregunta más salvaje del mundo y ver lo que pasaba. Todo era muy kamikaze. Las pruebas eran en situaciones reales. Por ejemplo, tuve que darle unos táperes con comida a Esperanza Aguirre, una de las políticas que más aparecían en el programa. No estaba cómodo, pero la cosa encajaba. Nunca podré decir que tuve un contrato firmado, pero, para cubrir ciertos eventos, tienes que inscribirte, como en los Grammy o los Oscar, e hicieron que me apuntase para que, cuando llegara el momento de ir, no nos cogiera a contrapié. La idea era que me ocupara de los temas culturales del programa, no tanto de la vida política. Todo estaba más o menos enfilado, y yo, muy ilusionado.

Mientras estaba en Mallorca comiendo una paella con unos amigos, me llamó Juanito, mi compañero de piso durante muchos años en Madrid y me dijo: «Te acabo de ver en Antena 3». Estaban poniendo un anuncio de *Art Attack* en cada corte publicitario. Eso significaba que iban a reponer la serie y yo no tenía ni idea. Todo el programa se había emitido en Disney Channel, luego en Telecinco e iban a recuperar las temporadas para ponerlas en Antena 3. Era como *El príncipe de Bel-Air*, emisión ininterrumpida en un canal u otro.

Me llamaron de Cuatro Cabezas.

—Jordi, es imposible que aparezcas el viernes por la noche desenfrenado en *Caiga quien caiga* y el sábado por la mañana haciendo manualidades para chavales en Antena 3.

Vaya chasco. Con la reposición de *Art Attack*, perdí la oportunidad de participar en *Caiga quien caiga*, con todo el éxito que tuvo el programa y la visibilidad que podría haberme dado. Tal vez mi vida hubiera sido diferente, nunca se sabe. Gajes del oficio.

Al acabar *El Rayo* comenzó una etapa muy distinta a las que había vivido hasta entonces. Siempre enganché un trabajo con otro. Era la primera vez que estaba sin un proyecto inmediato. El miedo a quedarme parado sobrevolaba el ambiente. Nada me hacía sospechar que esa sería la menor de mis preocupaciones.

17

El adiós de mi madre

La enfermedad había desaparecido, se había quedado en ese verano de *Club Disney*. Por desgracia, dos años después volvió con fuerza. Un control rutinario descubrió que el cáncer había aparecido de nuevo, esta vez en los pulmones. Fue un palo enorme. Empezamos el tratamiento. La primera vez que la acompañé a quimioterapia me dio mucha impresión ver aquel líquido rojo que salía de la bolsa, pasaba por la máquina y entraba en su cuerpo.

Recuerdo el día que llegué a casa y abrió la puerta estrenando la peluca que le habían hecho. Estaba preciosa, como siempre, pero le dije que no tenía por qué llevarla, que no se preocupara por mí. Ella se la quitó y vi su cabeza desnuda, que evidenciaba su fragilidad, el trance terrible por el que estaba pasando. Durante aquellas semanas hablamos mucho

Los meses pasaban. El tratamiento seguía. Cuando yo volvía de Madrid, me gustaba pasar sin avisar. Iba al mercado donde ella solía hacer la compra para sorprenderla en alguno de los comercios que frecuentaba. Se ponía muy contenta con aquellos juegos. Yo era muy positivo, trataba de ser el optimista, de mantener alta la moral. Un día le pregunté a mi padre:

—Qué bien está mamá, ¿no? La veo muy bien.

Me respondió con todo el peso del universo:

—Jordi, mamá no está bien.

Quería decir que mi madre hacía lo posible para aparentar normalidad, pero la realidad era mucho más sombría. Eso me quitó una venda de los ojos que, como medida inconsciente de protección, me había colocado. Ahí me aplastó la realidad.

Todo fue rápido. La enfermedad avanzaba sin piedad y no había forma de pararla. Me tuve que ir a Madrid por un asunto de trabajo. Mi padre me llamó al día siguiente:

—Jordi, tienes que venir ya.

Hacer una maleta en la que tienes que meter ropa para el entierro de alguien que aún está vivo es muy jodido.

En sus últimos momentos de vida, mi padre escuchaba el corazón de mi madre con un fonendo. Quería captar el último latido. Y lo hizo: fue el último para la eternidad. Después se levantó y salió de la habitación. Mi hermano y yo perdíamos a la persona más importante de nuestras vidas.

Mi madre falleció el 18 de diciembre de 2002. Solo tenía cincuenta y dos años.

Recuerdo que estuve muy entero en el funeral y que me ocupé de todo el mundo, de aquí para allá, dentro de la solemnidad de tanatorio, capilla y entierro. Era como ejercer de relaciones públicas en el evento y me ayudaba a tener la cabeza ocupada. Haber tenido tiempo de prepararme para la muerte de mi madre me permitía asimilarlo. Solo me derrumbé cuando llegó mi vecina Maricarmen con su padre, Pepe, el amigo del mío: verla después de diez años fue un viaje muy visceral al pasado, puro y potente. Los recuerdos que tenía con ella eran de la infancia, cuando los niños y los padres nos juntábamos y pasábamos plácidas tardes familiares y vecinales. Si algo le tengo que pedir al destino es que no se me muera nadie querido de repente. No sé si sería capaz de asimilarlo.

Mi abuelo Jose falleció pocos días después, el 21 de diciembre. Se fue mientras dormía. Recuerdo estar en una cafetería con mi padre. Me llamó mi hermano para comunicármelo. Colgué. Mi padre estaba a mi lado, le cogí la mano e, intentando hacer el menor daño posible, le conté lo que había pasado.

—Papá, me sabe muy mal darte esta noticia. Acaba de fallecer el yayo.

Dos golpes muy seguidos. Salíamos de un funeral y nos metíamos en otro. Fueron unas Navidades muy tristes. Recuerdo que aquella Nochebuena cenamos cualquier cosa en un bar, sin alegría. No había nada que celebrar.

La muerte de mi madre me enseñó a vivir el momento, a aprovechar la vida al máximo, porque en cualquier instante todo puede acabar. También aprendí a reconocer el dolor, a identificarlo, a saber que vas a vivir siempre con él. El recuerdo estará presente, sobre todo en los momentos felices, pero no puedes permitir que el dolor te impida vivir o disfrutar.

Tras el adiós se puso en marcha otra maquinaria logística y administrativa: papeles de la herencia, mudanzas, muebles, ropa, acomodar la vida a un nuevo carril. Solo queríamos que empezara un nuevo año. Madrid ya no tenía la luz que me había llevado hasta allí y Barcelona me traía demasiados recuerdos. Necesitaba un cambio de aires.

Su pérdida dejó a mi familia rota. Fueron años grises. Pero no hay que perder la esperanza. Mi hermano se casó con Bárbara, mi maravillosa cuñada, y después nacieron mis sobrinos, Oriol y Laia. Esos momentos nos devolvieron la luz y las ganas de salir adelante.

18

Vivir en una isla

Ya no abundan los programas musicales en televisión. Antes era un género común: recuerdo grandes emisiones de mi infancia y juventud, como *Tocata*, *Rockopop*, *La edad de oro* o *La quinta marcha*. Muchos nos dedicábamos a grabar actuaciones o vídeos musicales en Betamax o VHS para conservar los momentos estelares de nuestras bandas favoritas, además de casetes de los programas musicales de la radio.

Hoy cuesta recordar cómo eran aquellos tiempos preinternet, cuando la información no estaba a golpe de clic. Me gusta haber vivido una infancia así. Es maravilloso disponer de toda la música y el cine del planeta en tu *smartphone*, pero acceder a productos culturales ha perdido parte de su misterio. Se pasaban nervios antes de conseguir un disco y, cuando lo comprabas —a tres mil pesetas—, lo escuchabas hasta fundirlo mientras leías las letras una y otra vez. Aprendíamos las canciones de memoria. Ahora somos más de escuchar una canción y cambiarla antes de que acabe... Las plataformas de internet me causan ansiedad con tanto contenido.

La tecnología nos ha cambiado la vida, y creo que no somos conscientes de ello. Recuerdo los años del internet primerizo, cuando las aplicaciones no eran demasiadas y, por supuesto, no había móviles. Me acuerdo de enviar mi primer mail a un amigo de Washington y alucinar con que un mensaje pudiera llegar al otro extremo del planeta, como por arte de magia. También flipé cuando empecé a chatear en aplicaciones como Microsoft Messenger... Recuerdo cuando me mandaron a un rodaje de *Club Disney* en la isla de Hierro, Canarias, y me dieron un ordenador portátil de la época. ¡Lo mala que era la conexión en aquella isla! Pero había internet, que me conectaba con todo el planeta. Aquel tocho gigante hacía ruidos extraños, como de invasión extraterrestre, cuando se conectaba el módem. Una web tardaba minutos en cargarse, línea a línea, era desesperante. Pese a todo, no me explicaba cómo eran posibles aquellas maravillas. Ahora vemos esos prodigios a diario, más alucinantes incluso, y como si nada. Nos hemos acostumbrado a una velocidad de vértigo.

Cuando me fui a Madrid con diecinueve años mi padre me dio un móvil prehistórico, uno de los célebres «zapatófonos», cuando solo lo tenían los ejecutivos. Casi nadie disponía de aquella tecnología. Querían tenerme localizado. Tampoco tenía muchos números a los que telefonear, pero como las llamadas eran carísimas y viajaba mucho por trabajo, a veces al extranjero, tenía broncas con mi padre por las facturas. La idea de darme un móvil para tenerme localizado había sido suya, así que no entendía tanta queja. Si estaba en Miami entrevistando a los hermanos Hanson no iba a buscar una cabina para llamar a mi madre... Con papá siempre era igual:

—Jordi, te pagas la factura y listo. Esto no puede ser.

—Vale, la pago yo, papá, no pasa nada.

—Mmm...

—¿Te parece bien?

—Bueno, hacemos una cosa: trata de usar menos el teléfono y todos contentos. ¿De acuerdo?

Hay gente a la que le han pagado el coche, la carrera o la entrada de un piso. A mí el móvil. Siempre.

Internet se llevó por delante los programas musicales, con sus videoclips, entrevistas y actuaciones en directo. Los vídeos de YouTube acabaron con todo eso, con pocas excepciones (*Los conciertos de Radio 3*, en Televisión Española, son una de ellas). Sin embargo, participé en uno de esos programas cuando ya no eran tan comunes. Lo hacíamos en la sala Aqualung, en la ribera del Manzanares. Se llamaba *Musical 3* por la cadena que lo emitía, Antena 3.

Era 2003, pocos meses tras la pérdida de mi madre, y seguíamos reestructurando la familia. Tarea nada fácil. Volver a la tele con un programa musical parecía el mejor de los bálsamos para superar aquella época tan complicada.

El programa ya había empezado, pero a las pocas emisiones vieron que debían cambiar el rumbo, así que me ficharon. Lo hice con Marian Álvarez, que como persona e intérprete es fantástica, incluso ha ganado un Goya a la mejor actriz protagonista. Pasamos muy buenos momentos: nos reíamos un montón tanto en el trabajo como fuera de él. Estos programas musicales parecen muy sencillos, pero cada actuación implica muchísimos preparativos: colocar los instrumentos, sonorizar, hacer pruebas... Entre que llega el público y el artista, este se maquilla y se viste, se sube al escenario, etc., igual echas toda una tarde para grabar una canción.

Tengo recuerdos borrosos: por allí pasaron Pancho Céspedes, Álex Ubago, Revólver o el dúo ruso t.A.T.u., que iban de lesbianas pero no estaba claro si lo eran o se trataba de una estrategia comercial. *Musical 3* tuvo una vida muy corta: era una época en que los programas de la tele duraban lo que un caramelo en la puerta de un colegio, ya que no había mucha confianza por parte de las cadenas. Ahora parece que tienen una estructura más sólida y no quitan un programa a las primeras de cambio, aunque no tenga mucha audiencia en las primeras emisiones. Cancelarlos sin dejar que se desarrollen da una imagen de la televisión como si fuera una industria hambrienta de éxito y dinero rápido, que no se preocupa por mimar los contenidos, y eso no es bueno. Era un momento muy salvaje. *Musical 3* duró meses.

En mitad de las grabaciones, mi padre sufrió un infarto. Recuerdo que estaba en Madrid con mi representante, María Jiménez, una mujer genial. Nos encontrábamos en mi casa, celebrando no sé qué. Llamó mi hermano:

—Jordi, no te asustes, pero papá ha tenido un ataque al corazón.

Al parecer, estaba con unos amigos jugando al golf y empezó a encontrarse mal. Siempre dueño de la situación, como a él le gustaba, le dijo a sus amigos que le llevasen al hospital. Sabía lo que le estaba pasando y fue calculando los tiempos: no podía dejar de ser mi padre ni cuando le daba un infarto. El ataque había sido por la tarde y mi hermano me llamó por la noche. No quería que cogiese un avión en ese momento, prefería que durmiese y fuera por la mañana, con tranquilidad. Dentro de la gravedad, mi padre estaba estable.

Era complicado, porque hacía muy poco que había muerto mi madre, y el ambiente seguía enrarecido por su ausencia. Aquello fue la catarsis final de mi padre: lo había pasado muy mal con los fallecimientos de mi madre y de mi abuelo, se deprimió... Y cuando se estaba recuperando, le pasó esto. Hubo quien le dio por muerto, creo que algunos de sus rivales ya se frotaban las manos. Mi hermano y yo aún éramos muy jóvenes, y la gente se preguntaba qué iba a ser de nosotros, de la empresa, quién iba a tomar el mando. Pero se recuperó.

Recuerdo una conversación posterior con mi padre. Le sugirieron que dejase de fumar puritos, que evitase los whiskies de después de comer y las sobremesas que se alargaban hasta el anochecer, que tuviese una vida más tranquila y que moderase el estrés y su mala leche natural. Todo lo que te dicen los médicos, de forma razonable, cuando tienes cierta edad y te ha dado un infarto.

—No quiero dejar de ser un Ferrari y convertirme en un Seiscientos —dijo mi padre—. Quiero morir siendo un Ferrari.

Nos enfadamos con él, le dijimos que no podía ser, que tenía que cuidarse, pero acabamos entendiendo lo «impepinable»: había decidido vivir lo que le quedara siguiendo sus costumbres, sin renunciar a los placeres de la vida, como un vividor. Y hasta que aguantase. Era una opción respetable. De hecho, vivió mucho más. Más que un Ferrari, parecía un 4 × 4.

El invierno se había despedido y dio paso al buen tiempo. La pérdida de mi madre me pesaba, el infarto de mi padre nos había puesto en alerta y yo no tenía un trabajo fijo o una oportunidad laboral en el horizonte. Habían cancelado *Musical 3*, así que decidí hacer las maletas. Un imán me atraía hacia mi tía y mi familia materna, en Mallorca.

Aún no tenía claro si serían unas vacaciones o acabaría viviendo allí. Si uno tiene la posibilidad y cuenta con buenos amigos, la opción de cambiar de aires es muy recomendable, un *reset* necesario que te limpia la cabeza y las emociones. Es como darte la oportunidad de volver a empezar sin las nubes oscuras del pasado. Antes de ir al pueblo de mis tíos, hice una parada en Ibiza, en casa de mi amiga Ana, que vivía con dos perros enormes.

Rodearte de gente que te quiera y te cuide en momentos como ese es la mejor medicina. Ana era la persona adecuada. Había estado mucho tiempo en mi casa durante los años de *Club Disney*, cuando tenía piso en Barcelona y no paraba de pasar gente por allí. Además, contaba con esa energía luchadora de salir adelante pase lo que pase. Me cuidó mucho esos días.

Una vez instalado en la isla blanca, hice una llamada a mi amigo Carlos Durán. Me lo presentaron durante mis primeros años en Madrid, en una cena. Era comunicador, un profesional de los medios de la isla, y conocía la noche mallorquina.

Uno de los veranos en los que fui al pueblo a ver a mis tíos, me llamó.

—He oído que estás por Mallorca.

—Sí.

—Pues a ver si te bajas un día a Palma, te enseño la ciudad y salimos a tomar algo de noche.

Aunque había ido mucho al pueblo, casi no conocía la capital, así que acepté su propuesta. Al llegar a Palma, fuimos a una boda entre dos chicos. Cuando no existía el matrimonio gay que legalizó el gobierno de Zapatero, las parejas solían celebrar una ceremonia simbólica y una fiesta. El lugar se llamaba El Santuario, un local curioso. De repente me vi en aquella celebración llena de gente... Me maravilló. Qué locura, qué bonito todo.

Conocí el día y la noche de Palma. Carlos me presentó a sus amigos y fue como una explosión. Me di cuenta de que estaba en el sitio correcto en el momento adecuado. Me encantó conocer a aquella gente y esos lugares, pero entonces no pensaba que años después ese mundo formaría parte de mi vida.

De esa primera vez en Palma recuerdo el 31 de agosto de 1997. Estábamos en un local a altas horas de la madrugada y recibí la llamada de mi amigo Manolo.

—Acaba de morir Lady Di.

Cuando se enteró todo el garito, lleno de fanáticos de Lady Di, bajaron la música y pusieron melodías tristes. Carlos y yo nos fuimos corriendo a la radio donde él trabajaba para recopilar información, declaraciones, entrevistas, etc. La gente suele recordar dónde estaba cuando murió Lady Di. Yo, en un *after*. Y lo puse de bajón.

Carlos contestó al teléfono y le pregunté:

—Oye, ¿no sabrás de algún curro por aquí, en Ibiza? No sé, lo que sea.

Tenía mi sueldo de *Art Attack* y me iba bien, pero quería dedicar el tiempo a algo, preferiblemente a los medios de comunicación. A los dos días me llamó y me dijo que había un trabajo en Flaix FM. En aquel momento era una emisora catalana muy importante, especializada en música de baile, *dance* y electrónica, que quería abrir su sede en Ibiza. Me propuso que fuera su coordinador.

«Hostia, esto es llegar y besar el santo», pensé.

Era finales de primavera, la época del año en la que Ibiza calienta motores: muchos trabajadores comienzan a llegar a la isla para preparar la temporada de verano, se ultiman las discotecas para sus fiestas de apertura... Son meses de gran actividad, cuando se comienzan a cerrar las programaciones con los mejores disyoqueis del mundo. Todo bulle con una calma tensa, sin descubrir sus ases bajo la manga, de forma subterránea, pero sin descanso.

Nunca he sido un apasionado de la música *dance* ni de la electrónica: me gusta bailarla, pero reconozco mi gran ignorancia sobre el asunto. De todas formas, tratándose de un trabajo de coordinación, pensé que podría hacerlo. Así que fui para allá. Al llegar, me enseñaron la emisora, que estaba en el puerto —de donde salen los barcos que van a Formentera, encima del McDonald's, donde trabajaba mi amiga Ana—, y me presentaron al que iba a ser mi jefe y a mi ayudante.

Debía ponerlo todo en marcha, pero vi que no era para mí. Me pesaba no tener referencias de música electrónica. ¿Cómo iba a coordinar esa emisora desde Ibiza? Pero era un trabajo, había que tirarlo adelante. A la semana siguiente me reuní con los directores de algunas de las discotecas más importantes de la isla para que me contasen sus planes de esa temporada y ver cómo colaborar. Creo que para las discotecas era fundamental tener presencia en aquella emisora, tanto por la promoción como por la conexión que suponía con el público de Barcelona.

Allí estaba yo, en reuniones con los directores o jefes de *booking* de los clubes más importantes, contándome que iba a ir fulanita o menganito, los músicos de electrónica más potentes del mundo, a los que no conocía. Asentía, tomaba notas y decía que muy bien, que muy bonito. No reaccionaba. Luego me contaron que se corrió la voz de lo duro que era el tío que habían elegido para llevar la emisora, que era imposible impresionarle con ningún nombre, que estaba de vuelta de todo. En realidad, ese tío, yo, no sabía lo que tenía entre manos. Cuando me mandaron los programas informáticos para realizar las emisiones y las canciones que debía poner, solo conocí una... ¡de King África!

Como coordinador, tenía que ir a las inauguraciones de las discotecas. En Ibiza, ese mundo es famosísimo y muy curioso. Son locales impresionantes, muy cuidados, con un sonido espectacular y muchísima gente con ganas locas de fiesta. Cuando la música, las proyecciones y las luces están acompasadas, es imposible no vibrar, es como estar en el estómago de una bestia muy grande. A pesar de ello, he ido muy pocas veces. No me acaba de gustar, por ejemplo, que me cobren veinte euros por una botella de agua o cincuenta por una copa, pues me parece inviable gastarme quinientos euros en una noche.

No me encontraba cómodo con el puesto y fui muy sincero.

Llamé al jefe y se lo dije. Añadí que el coordinador tenía que ser el chico que me ayudaba: él conocía la música electrónica, le gustaba pinchar y estaba al loro de todo lo que ocurría en la isla. Vivía para aquellos ritmos. Se merecía el puesto. Además, solo llevaba una jornada de discotecas y ya estaba harto. Mi vida social se iba a convertir en eso, y no estaba dispuesto a vivir de noche todo el verano.

No sabía qué iba a ser de mí ni a qué me iba a dedicar. Pero sucedió lo más maravilloso que me podía pasar. Aquel jefe me dijo:

—No te preocupes, Jordi, te ofrezco otro trabajo. Vente a Mallorca y presenta el magazín de las mañanas de Última Hora Radio.

Se trataba de sustituir a la presentadora de las mañanas, que se tomaba vacaciones en verano. Y no solo eso. Tendría como compañero a mi buen amigo Carlos, encargado de las tardes. Me venía fenomenal: un programa de tres horas en una radio fantástica, con diferentes secciones, etc., todo lo que me gustaba. Tengo amigos que no entienden que dejase un verano de desfase y privilegios en los clubes más exclusivos de Ibiza para hacer este programa más serio en Mallorca, pero lo tuve clarísimo.

La experiencia en la radio fue fantástica y pasar tiempo lejos de Madrid empezó a curar mis heridas. Así que tomé la gran decisión: iba a mudarme a la isla. Busqué piso en Mallorca, donde acabaría pasando once años. Aluciné con los pisos: baratísimos y mucho más grandes que en Madrid. Aun así, la gente me decía que estaban caros para lo que era la isla. Las diferencias de vida en ambas ciudades son notables. La capital es fantástica si tienes trabajo y una fuente de ingresos, pero, si no, es una trampa: está llena de ofertas y tentaciones para gastar los pocos ahorros que te quedan. En Mallorca, mi cuenta corriente estaba casi inmóvil, porque allí la vida es diferente, no como en Madrid, donde la ciudad te succiona.

Acabé alquilando un piso en un pequeño edificio de dos plantas en plena plaza Gomila. En esa época era una de las zonas de marcha más concurridas de Palma. Desde el balcón, veía cuándo abrían las discotecas y cerraban los *afters*.

Mientras, *Art Attack* se seguía grabando y emitiendo, de modo que no podía implicarme en otro proyecto televisivo, porque tenía que pedir permiso a Disney. Me dedicaba a pensar, diseñar, inventar y crear proyectos. Unos funcionan más, otros menos, pero todo queda ahí, en mi experiencia vital. Por ejemplo, un divertimento como los talleres de manualidades infantiles se transformó en mi modo de vida, y no me lo esperaba. Nunca sabes qué te deparará la vida.

19

Paso a paso

En Mallorca disfrutaba de mucho tiempo libre. Demasiado. Las horas grabando y preparando *Art Attack* me sirvieron para recopilar técnicas e ideas para hacer manualidades, pero ¿qué podía hacer con eso?

Una de mis ideas fue impartir talleres de manualidades. Busqué el teléfono de una academia de bellas artes cerca de casa y llamé.

—Academia Renacimiento. ¿En qué te puedo ayudar?

—Mire, me preguntaba si estarían interesados en que impartiera talleres de manualidades en su academia. Me llamo Jordi Cruz y...

Me interrumpió desde el otro lado del teléfono:

—Gracias, pero no estamos interesados.

Colgué el teléfono, pero al minuto me devolvieron la llamada:

—¿Cómo has dicho que te llamas?

Siempre me han caído bien los niños, despiertan el crío que hay en mí y disfruto con ellos y como ellos. Me imbuyen de su fantasía, de la sencillez para ver la realidad sin prejuicios. Mi carrera había estado muy vinculada a ese sector demográfico, de modo que esa actividad tallerística me iba al pelo.

El primer taller se me fue de las manos. La manualidad era crear una miniciudad. Los pasos eran sencillos: fijas con celo cajas de distintos tamaños a una base de cartón para crear los edificios. Luego lo cubres con una capa de mejunje para que se endurezca. Cuando está seco, lo pintas todo y ¡listo! Ya tienes tu miniciudad.

El material estaba preparado: cajas, celo, papel de cocina en trocitos y recipientes llenos hasta arriba de mejunje recién preparado. Llegaron los primeros «artemaniacos» y comenzó la clase. La primera media hora fue como la seda. Íbamos pegando las cajas y creando la ciudad. El problema llegó con el mejunje. Al sacar los trozos de papel del viscoso mejunje, goteaban. El suelo empezó a llenarse de charcos de cola mezclada con agua. El tiempo se acababa y estaba todo a medio hacer. En pleno caos de fregonas y miniciudades chorreando, tomé una decisión: terminar la clase e invitarles a volver el siguiente fin de semana. Todos aceptaron.

Aquellos siete días estuve retocando cada miniciudad. Apliqué mejunje por las zonas que habían quedado sin cubrir y arreglé los desperfectos. Al sábado siguiente se encontraron sus creaciones listas para pintar. Aquella experiencia me sirvió para aprender a organizar los tiempos de las manualidades y, de paso, patenté un sistema antigoteo para el mejunje.

Así empezó todo. Primero probamos con un turno los sábados por la mañana. Luego mañana y tarde. Después, todo el fin de semana. Llegamos a hacerlos todo el mes de julio, de lunes a viernes, sin parar.

La isla se me quedaba pequeña, así que los talleres me llevaron por toda España. Vivía como un músico, en gira constante, desde mi base en Mallorca a todas las puntas de la península, de Cádiz a San Vicente de la Barquera. Hice una pequeña *tournée* por Bilbao, Vitoria y San Sebastián. Me ocupaba de organizarlo todo. Mi casa parecía un colorido y delirante almacén lleno de montañas de cartón de colores y de todo tipo de chismes raros. Una vez, una marca nos cedió centenares de tijeras escolares y estuvieron durante cinco años por todos los rincones de la casa. Abrías el armario y había tijeras. Levantabas el canapé y había tijeras. Donde tenía que haber tenedores, había tijeras.

Preparaba el material y me iba con él al hombro, de avión en avión, de tren en tren. Comencé a vivir la vida en la carretera, acarreando estropajos, cartulinas, decenas de botes de pegamento... Parecía un feriante. En el aeropuerto me preguntaban dónde iba con tantas tijeras. También me preguntaba si «eran mis manos las que hacían las manualidades». Esa no fallaba.

Los talleres se realizaban en parques infantiles, escuelas de arte o teatros. Habilitaban un espacio con mesas y allí impartía el taller. El aforo era variable, de quince niños hasta lo que diera de capacidad de la sala. Mi única petición era que cada asistente tuviera un sitio cómodo para trabajar. Unos venían muy ilusionados, a otros los traían sus padres porque yo era el chaval de *Art Attack*, el de la tele, y eso se notaba. Algunos pasaban del trabajo. Yo era realista:

—Mira, si no te apetece hacer las manualidades, guarda el material en la bolsa y mira a los demás. Así lo podrás hacer cuando quieras.

Cada niña y niño era un mundo. Unos seguían el paso a paso con rapidez y otros no tanto. Unos le ponían ganas y otros se despistaban con bromas y pequeñas trastadas. Lo importante era pasar un buen rato, así que tampoco era plan de estar detrás de los niños con un látigo como el sargento de hierro.

Los talleres duraban dos horas. La primera solía ser tranquila, pero en la segunda se formaba cierto caos que se añadía al que los niños traen de serie, sobre todo cuando se juntan. Lo chulo era que salieran con los trabajos completados, así que, como muchos iban rezagados, los ayudaba como un robot, a toda velocidad. Venga pegamento por ahí, recortar por allá, colorear por acullá, uno y otro, uno y otro.

A aquellos ratos los llamábamos «la hora de la grapadora»: a los que iban lentos con el pegamento, les metías grapadora para acelerar, «¡Clac, clac, clac, clac, clac!».

Me daba pena que un niño se fuera con la manualidad a medio hacer. Aprendí mucho de aquellos talleres. Al fin y al cabo, en el programa hablaba a una cámara, no interactuaba con nadie, pero en los talleres tenía delante a niños de carne y hueso. Por ejemplo, aprendí a gestionar sus frustraciones cuando veían que no les salía o que al compañero de al lado le había quedado mejor. Se veían algunas maravillas, pero también auténticos desastres.

—Esta es tu forma de hacerlo, está bien. Cada uno tiene su estilo.

Lo importante era divertirse, y hacía mucho hincapié en eso. Ahora el mundo de las manualidades está en peligro por culpa de la tecnología. Los chavales, y los adultos, nos perdemos en las profundidades del *smartphone*, el ordenador, la consola, las plataformas audiovisuales, y nos devoran, nos entregan a las garras de la procrastinación. Pero regresar al sosegado trabajo de lo manual es importante: despeja la mente, nos reconcilia con el tiempo y mejora nuestra atención. Tiene algo de meditación zen. Por eso creo que es muy importante que los niños se inicien en estas técnicas.

Me pasaba gran parte del taller buscando el punto del celo que perdían los niños, así que empecé a inventarme trucos: les pedía que se imaginasen que el celo estaba haciendo escalada, es decir, que pegasen el extremo a la mesa y dejasen el rollo colgando. Problema solucionado, con la sala llena de celos alpinistas. Lo entendían muy bien gracias a la metáfora. Había que convertir cada paso de la manualidad en una aventura, una experiencia divertida, un juego. Además, aprendí la forma más eficiente para enseñarles a trabajar en silencio: «Un, dos, tres, *fschhhhhhhhhh*». Al oír ese sonido, la sala se quedaba en silencio absoluto, como si fuera un páramo remoto.

En 2007, recibimos la llamada de un empresario latinoamericano que quería hacer una gira de *Art Attack* por aquellos países debido al éxito del programa. Proponía algo muy goloso: grandes escenarios y escenografías, mucho público, muchos niños, un espectáculo gigante. Le dijimos que, antes de tirarnos a la piscina, sería mejor hacer un espectáculo piloto, una prueba, para tomar el pulso al público latinoamericano y decidir si queríamos continuar por otros países. Chile fue el elegido.

Preparamos el espectáculo en España. Elegimos el material necesario, la escaleta y todo lo relacionado con el *show*. Después, tomamos un vuelo a Chile. Acababa de producirse un terremoto tremendo que había causado miles de fallecidos. Volamos en primera clase con los perros de rescate que iban a buscar a las víctimas del terremoto. Como al llegar se tenían que poner a currar, los llevaban en primera. Fue un viaje muy bonito, con los perros a bordo cuidados por los rescatistas, sobre todo sabiendo que iban a cumplir una misión tan importante.

Me impresionó lo cerca que pasaba el avión de los picos más altos de la cordillera de los Andes. Recordaba la película *Viven*, en la que, después de un accidente aéreo, los supervivientes decidieron comer carne humana para seguir vivos. No podía evitar mirar a los demás viajeros para ver con quién tendría que vivir aquella aventura en caso de accidente, saber con quién iba a morir. En los aviones, me fijo mucho en quién viaja a mi alrededor.

No quería quedarme dormido para disfrutar de los perros, pero no pude evitarlo. El aeropuerto de Santiago de Chile, la capital, estaba lleno de gente que nos esperaba. Fue de película. Allí hay otro tipo de seguimiento, otra pasión por el programa. Era como si en España ya estuviéramos de vuelta de todo, pero allí siguieran vibrando con las manualidades. Al llegar, fuimos a la rueda de prensa de presentación del espectáculo. Había muchos medios, periodistas, cámaras... Nos sentimos como estrellas.

Me habían dicho que algunos empresarios chilenos organizaban conciertos pero el artista nunca llegaba a ir. Por ejemplo, en los noventa, cuando internet aún no estaba muy extendido, ponían a la venta entradas para un gran concierto de un grupo famoso y la gente las compraba. Luego no se celebraba, el empresario se largaba con el dinero y el grupo ni se enteraba. Era una estafa que, al parecer, era habitual que se diera. Temían que no fuéramos: creo la gente quería comprobar si el espectáculo era real, si íbamos a ir, no tanto que tuvieran ilusión por vernos. Y, efectivamente, allí estábamos.

La función fue muy chula, con una escenografía enorme, los elementos gigantes de *Art Attack* y mesas donde los niños podían trabajar. Se hacían dos turnos, mañana y tarde. Me gustaba bajar del escenario y romper la cuarta pared, hablar con la gente. Los que pagaban mucho dinero ocupaban las primeras filas, mientras que los de las entradas más baratas estaban al fondo. Me paseaba saludando a todo el mundo. En los países latinoamericanos hay mucha desigualdad y las diferencias entre clases sociales se notan.

—Jordi, si no te importa, no vayas al fondo. No han pagado tanto —me dijeron los de la organización—. Es el plus de las primeras filas.

Solo debía saludar a los hijos de los adinerados. Ni de coña. No acepté. No había cruzado el Atlántico para llegar allí y hacer ese tipo de diferencias. Seguí como me dio la gana y no pudieron decirme nada.

Entre el primer y el segundo turno me presentaron a un chaval que, para venir a verme, había pasado tres días en autobús, desde los confines de Chile, con su madre. Aquel encuentro fue muy emocionante. Es muy fuerte. Te hace sentirte responsable de lo que haces, afortunado. Estuvimos charlando en el *backstage* y le ofrecimos todo lo que necesitase de la mano de nuestro patrocinador que, por cierto, se llamaba Lápiz López, un nombre muy gracioso. Siempre tuve claro que presentar un programa infantil conlleva mucha responsabilidad, porque formas parte de la infancia de los niños. Mostrar que no hay que hacer diferencias por clase, color de piel, edad o por lo que sea es muy importante, sobre todo con los chicos.

En el hotel teníamos un jefe de seguridad, un tipo duro, calvo y corpulento. Lo que te imaginas cuando oyes «jefe de seguridad», una de esas personas que no tienen problema en actuar cuando es necesario. Había trabajado en la policía de élite chilena. Un día me dijo:

—Señor Jordi, hoy vamos a visitar unas viñas.

—Vaya, no lo sabía, no sale en el plan de viaje. Pero qué demonios, me parece muy bien.

Aunque fuera un cambio de planes inesperado, fuimos en coche: el jefe de seguridad con su pistola, Carol, mi representante en ese momento, y yo, que estuve observando el árido paisaje chileno durante el viaje. Fuimos muy lejos, demasiado.

—¿No estamos alejándonos mucho?

—Bueno, sí, señor Jordi, pero es que son las viñas de unos amigos y están un poco lejos. Pero merece la pena.

Cuando llegamos, nos lo enseñaron todo: las plantaciones, las bodegas, todo muy bonito. Nos dieron muy bien de comer, con mucha hospitalidad. Pasadas las horas, le pregunté al jefe de seguridad si volvíamos al hotel. Ya lo habíamos visto todo, no tenía sentido pasar más tiempo allí. El jefe de seguridad hizo unas comprobaciones por el móvil.

—Sí, señor, podemos volver.

Fue extraño. En realidad, según la información que tenían, hubo una amenaza de secuestro, y para no contarme nada —solo lo sabía Carol—, que no entrara en pánico y saliera huyendo en el primer vuelo para España, me habían llevado a una bonita excursión campestre. Existía un peligro real de que me raptaran, incluso en el hotel. No me moví de la habitación, y eso que teníamos invitaciones para ir a varios programas televisivos, porque no merecía la pena. Fue una movida muy gorda.

En otro momento, después del espectáculo, que había ido fenomenal, fuimos a cenar con los patrocinadores de Lápiz López y los promotores del evento. Hablamos del éxito que habíamos tenido, de que yo fuera la imagen de la marca de lápices, etc. Era una mesa redonda con un sofá en forma de U, de modo que era difícil salir sin que el resto se levantase. Pedí una carne buenísima y, mientras trataba de tragar un trozo, se me atravesó. Decidí tomar un poco de vino, pero me salió por la nariz. No era consciente de que me estaba ahogando. Pegué un empujón a Carol, que estaba a mi lado, porque quería salir de ahí, y todo el mundo se dio cuenta de que me pasaba algo.

En esos segundos lo ves todo a cámara lenta, como en una película: un camarero corre, todo el mundo de pie, chillando... Empecé a dar golpes a todos lados; se me estaba escapando la vida. Dicen que en esos momentos tienes que estar tranquilo, porque te puede llegar algo de respiración, aunque sea poquita, pero en aquel instante fue imposible no perder los nervios. El camarero u otra persona, no lo sé, me pegó tal hostia en la espalda que vi salir el trozo de carne, liberando por fin mis conductos. Todo se calmó. Se me saltaron las lágrimas por la tensión. Estuve como dos meses sin comer carne por la impresión.

En ese viaje nos pasó de todo. Al final, a pesar de lo bien que había ido la experiencia chilena, la gira latinoamericana se canceló. Nos llegó una información muy veraz de que, si hacíamos la gira e íbamos con el dinero cobrado por ahí —era importante que nos pagaran en efectivo para no sufrir estafas—, corríamos un riesgo muy grande de que nos robaran durante el viaje. Cogimos miedo y declinamos la oferta.

20

De *Megatrix* a «Megacólico»

Durante la etapa de *Club Disney*, la gran competencia era *Club Megatrix*, cada vez que llegaban los Premios TP de Oro la pregunta era: «¿Quién ganará, *Club Disney* o *Club Megatrix*?». Disney tenía más contenido y era más libre; *Club Megatrix* se centraba en poner series con promociones publicitarias, sin tantas historias en el plató. Lo gracioso fue que, ya en Mallorca, me llamaron para presentar *Megatrix*, que llevaba ocho años de emisión: querían darle un giro, cambiar el formato y centrarlo en contar experimentos. Encajaba en ese perfil. Muchas veces, por la calle, me preguntaban si era el presentador de *Megatrix* en vez del de *Club Disney*. Si hacía los dos, no se confundirían: «Acertarán siempre», pensé. Además, trabajaría con Natalia de *OT*, que me encantaba. Fue solo un año, en 2006, pero lo pasamos fenomenal.

Vivía en Mallorca, tranquilo, y tenía que ir a Madrid a grabar el programa. En aquella época comencé a sufrir de piedras en el riñón. En la isla nadie bebía agua del grifo porque tenía muchas sales, pero yo lo hacía igual, aunque después supe que no debí haberlo hecho. Ya en la capital, el día antes de empezar el programa, pasé una noche muy mala y me di cuenta de que era un cólico: los tenía tan a menudo que aprendí a detectarlos. Notaba la piedra pasando por los conductos del riñón y, cada vez que se abría más de la cuenta para dejarla pasar, el dolor era intensísimo. Nunca he dado a luz, pero me imaginaba que sería algo así, dolores intensos con contracciones cada pocos minutos.

Solía ir al hospital, me pinchaban un medicamento —creo que Buscapina— y listo, hasta la siguiente. Un rollo. Aquella vez fui al médico algo inquieto porque al día siguiente tenía que grabar. No me pudieron atender en toda la noche, pero me dieron un calmante y estuve esperando. Por la mañana, me tomé un zumo de naranja, pues no había cenado nada, y me fui al plató. Cuando me metieron en maquillaje, me transformé en la niña de *El exorcista*: empecé a vomitar a lo bestia, sin parar, en todas direcciones. Debían ser las seis de la mañana. Allí estaba toda la gente de los programas matinales, como *Espejo público*, y las maquilladoras asustadísimas porque no sabían lo que me pasaba. Vómito por todos lados.

De pronto vino alguien de producción y le expliqué que había pasado la noche en urgencias porque sufría de piedras en el riñón. Me dijeron que era un burro por ir así a grabar y que volviera al hospital, que no podía ser. «La salud es lo primero», afirmaron. Les hice caso y volví al centro médico. De repente, vi aparecer a mi hermano, que vivía en Barcelona. Le habían llamado de la productora y le dijeron que lo mío no pintaba bien. Así que, ni corto ni perezoso, vino a verme. Recuerdo que estaba un poco ido: quería irme del hospital, recogía mis cosas...

—Muy bien, me voy. Si acabo de comerme un yogur...

En cuanto ponía un pie en el suelo, volvía a vomitar por todas partes, de manera muy teatral, como poseído por el demonio. Los médicos no sabían qué tenía y estuve ingresado casi un mes. La situación era complicada: se detuvo la grabación. No pasaba nada por esperar unos días, pero fueron semanas, y la productora comenzaba a impacientarse porque no sabía qué iba a pasar conmigo. La maquinaria no podía parar indefinidamente. Así se lo contaron a mis amigas Marina Sconocchini y Silvina Bilardo, que me acogían en su piso cuando iba a grabar a Madrid: si la situación continuaba, tendrían que rescindir el contrato y buscar a otro presentador. No me lo dijeron para que no me pusiera nervioso.

El diagnóstico fue que tenía una piedra radiotransparente en el riñón, es decir, no se podía encontrar. La radiación la atravesaba y los aparatos no la localizaban. Estaba perdida por ahí, en mis órganos. Al día siguiente de ingresarme decidieron ponerme una sonda que se introducía por el pene. Ay, por favor. Me recordó a una vez, de pequeño, que me colocaron una y me introdujeron un líquido que tuve que expulsar con un dolor enorme. Me acordé hasta del Cacaolat que me bebí aquel día y la nieve que caía al otro lado de la ventana. Ese recuerdo traumático me vino como si hubiera sucedido el día antes. Y en ese momento, otra sonda.

Como había comido, debían ponérmela sin anestesia. Allí estaba yo, con las piernas abiertas delante de cinco médicos que intentaban meterme la sonda: uno no podía, lo intentaba otro... En la pantalla veía que no lo conseguían. No paraba de gritar, un histerismo, un sudor... Fue imposible, así que cambiaron de planes:

—Hay que intervenir.

—Sí, vale, vale, vale, mucho mejor —dije aliviado.

Me operaron. Recuerdo llegar al quirófano y encontrar allí a dos mujeres encantadoras que enseguida me transmitieron calma y tranquilidad. Cuando te van a operar, no puedes evitar mirar las caras de las enfermeras y los médicos buscando signos de preocupación o de calma, igual que el que tiene miedo a volar intenta desentrañar el gesto de las azafatas. Aquellas mujeres me dieron paz. Además, en el hilo musical sonaba «Cruz de navajas», de Mecano, una de mis canciones favoritas.

—¿Me va a doler? —pregunté.

—No te preocupes. Te vamos a poner un grifo.

Vi entrar en mi cuerpo aquel líquido blanco, la anestesia, y sentí paz y tranquilidad. Me quedé dormido entre algodones. Cuando desperté, llevaba un grifo en la zona lumbar. Increíble, como si me hubieran convertido en un cíborg futurista: era una nueva parte de mi cuerpo, aunque no formaba parte de él. Por aquel grifo me hacían pruebas a diario: si lo cerraban y dolía, el riñón no estaba bien. De hecho, lo cerraban y me doblaba por el dolor. Cada día.

No tenía mucho que hacer. Estaba en una planta llena de abueletes, pacientes de urología con el riñón fastidiado o la próstata del revés. Pasaba el tiempo viendo la tele, leyendo y paseando por el hospital. Incluso salía a fumar de extranjis a la escalera de incendios. Mis amigos me habían regalado una bandolera en la que ponía DE PUTA MADRE y así, con esa bolsa «De puta madre», me paseaba por el hospital y bajaba a desayunar a la cafetería. La vida tranquila del convaleciente, el aburrimiento, las pequeñas rutinas: esperas que suceda lo que tenga que ocurrir, la comida, la cena, la visita, el programa de la tele que te gusta, etc. Curiosamente, el día que ingresé empezó la cadena Cuatro. Era el 7 de noviembre de 2005. Dediqué aquellos largos días a explorar los nuevos programas. En casa, Marina y Silvina estaban de los nervios porque sabían que podían rescindirme el contrato. Me mandaron flores y plantas. Me llamó el famoso y televisivo doctor Beltrán, que, además de hacer el programa *En buenas manos*, era el responsable del departamento médico de Antena 3. Yo alucinaba en colores.

De repente, apareció mi padre. Al ver que la mejora no llegaba, decidió plantarse allí. Eran como las once de la noche. Yo estaba medio dormido, y de pronto encendió las luces. Con mi padre todo eran acontecimientos. Revolucionó al anestesista, al urólogo, a la enfermera... Ya tenía montada su típica manera de actuar: recabó información y pidió explicaciones. Pensé: «Ay, Dios, papá, la vas a liar mogollón, y pasado mañana te irás y me odiará todo el mundo».

Y así fue. A los dos días volvió a Barcelona. Quedamos con el médico en que dejaríamos pasar el fin de semana y el lunes probarían lo del grifo otra vez. El sábado por la mañana apareció una enfermera de esas a las que no puedes llevar la contraria, o que se creen que eres lelo.

—Venga, Jorge.

—Me llamo Jordi.

No es cuestión de catalanismo, es que no me llamo Jorge. Me llamo Jordi.

—Uy, el catalán aquí... —dijo la enfermera.

Íbamos mal. Me dijo que me levantara, que me iba a hacer lo del grifo. Le expliqué que mi padre había estado hablando con los médicos y que estaba programado para el lunes, pero ella no tenía constancia de eso. Solo debía ir a recepción para enterarse. Pero nada, imposible entenderse con ella. Me repitió que me levantara, que me iba a cerrar el grifo. Allí estaba yo contra la pared, evitando que lo cerrase, y la señora acosándome. Le pedí hacer una llamada. Ella salió de la habitación.

—Papá, hay una enfermera que no sabe nada de lo que habéis acordado tú y el médico.

A la media hora, la señora volvió más tranquila.

—Tengo que pedirte disculpas... Jordi. Mi actitud no ha sido correcta. No tenía toda la información.

Mi padre había hecho de las suyas. Aquella vez, para bien. Siempre fue el terror de los hospitales, y yo tenía que ir detrás de él pidiendo disculpas a las enfermeras por su mala leche, porque forzaba muchísimo la máquina, pero en aquella ocasión me fue muy bien que pusiera en su sitio a la señora que quería avasallarme sin escuchar lo que le tenía que decir.

Dicen que, a medida que uno crece, empieza a verse rasgos de sus padres. Me ha pasado. En momentos concretos de trabajo, cuando llevo las riendas y todo comienza a desorganizarse, he estado a punto de sacar el carácter de mi padre. Casi siempre he podido aplacar esa ira, pero me ha ayudado a entender qué sentía él, por qué se ponía así. Pero no quería eso para mi vida. Lo de mi padre lo explicó muy bien en su funeral su mejor amigo, Jordi Torres: «Antonio no tenía mala leche, tenía manías». Y así era. Pasaba de Antonio a Hulk en milésimas de segundo.

Por ejemplo, después de comer, tocaba el ritual: café con la leche hirviendo aparte, taza pequeña, y un whisky en vaso bajo, con dos hielos. En sus sitios habituales le tenían tomada la medida y no había problema. Cuando iba a un restaurante donde no lo conocían, el camarero quizá no entendía que mi padre quisiera la leche hirviendo, tan caliente que crease quemaduras de primer grado si te caía en la piel. Y entonces se liaba:

—¿Esto para usted es leche hirviendo?

Hulk estaba a punto de aparecer.

La idea era que, mientras él se fumaba el purito, el café con leche se fuera enfriando y que, en el momento justo, estuviera a la temperatura perfecta para tomárselo del tirón. Cosas de papá. Manías. Había que cargarse de paciencia, sobre todo porque cuando más mayor se hacía, menos filtro tenía. Eso sí, si se daba cuenta de que se había equivocado, no tenía remilgos en pedir disculpas.

El lunes era el gran día, había que cerrar el grifo. Vino el médico, cerró y no me dolió. La piedra, de alguna manera, había pasado. Entonces mis amigas me lo contaron todo:

—¡Menos mal, Jordi! ¡Cinco días más y te despiden de *Megatrix*!

—Pero ¡cómo no me habíais dicho nada!

—¡Imagínate el sufrimiento que teníamos!

Salir del hospital no es llegar y besar el santo, no eres Superman. Te cuesta tomar el ritmo. Los primeros días de grabaciones tenían un banquito para sentarme, pues me agotaba rápido. En *Megatrix*, con Natalia de *OT*, aparte de mis problemas de riñón, fue fantástico.

21

Mi gran familia animal

Me gustan mucho los animales. Me enternecen, empatizo con ellos, me resultan hermosos y fascinantes, me parecen la personificación de la inocencia (aunque se coman entre ellos). Los miro a los ojos y veo cosas. Con *Enigma animal* tuve mucha suerte. Era un programa de animales parecido al mítico *Waku Waku*, al que iban chavales a responder a preguntas sobre animales, presentado por Nuria Roca. Era un programa para Disney Channel, así que no hacía falta pedir permiso y tenía luz verde para grabarlo.

Mi labor era hacer un reportaje sobre un animal, dando pistas, y, desde el plató, los chavales tenían que adivinar cuál era. Tal vez no es el programa con el que más me identifico de los que he hecho, pero sí en el que más me enorgullece haber participado. El trabajo era grabar unos veinticinco reportajes durante dos meses, cada uno sobre un animal, así que estuvimos en todos los parques de España: Faunia, Selwo, Zoo de Barcelona, Loro Parque, Parque de Cabárceno, etc. También hicimos algún viaje al extranjero. Una maravilla.

Tuve que limar las uñas a un elefante, dar de comer a lobos, interactuar con pulpos, hacer una ecografía a un delfín, ofrecer helados a lémures, meterme en charcas con cocodrilos... Mis amigos veterinarios de Mallorca me decían:

—Jordi, estás haciendo todo lo que nos gustaría a nosotros.

Me pareció fenomenal, excepto los reportajes que iban de pájaros, por mi ornitofobia galopante. Recuerdo que en el Zoo de Barcelona nacieron dos gorilas, unas crías pequeñísimas muy graciosas, y nos dejaron acceder al recinto. No había entrado nadie, ningún medio. Los gorilitas estaban superprotegidos, como si estuvieran en una incubadora gigante a la que había que entrar desinfectado y con un traje especial. Como éramos de Disney y trabajábamos para un público infantil, tuvimos la oportunidad. En general, en todos los parques, los especialistas y cuidadores nos trataron muy bien; son grandes profesionales que aman a los animales.

También observé que unos centros tienen instalaciones y personal que intenta respetar al máximo la vida del animal con hectáreas de terreno que se asemeja a su hábitat natural, pero otros no los tratan tan bien; los tienen en jaulas horrendas, agobiados por las miradas y exigencias del público. Dan mucha pena: había animales tan deprimidos que era casi imposible hacer un reportaje con ellos de lo apáticos que estaban. Un zoo en Portugal tenía a los elefantes en un recinto colindante con un bloque de edificios. ¿Cómo pueden hacer eso? Sigo sin entender cómo tienen orcas dando vueltas en pequeñas piscinas o delfines en delfinarios para que los animales salten por un aro.

—Quédate quieto, que los gorilas interactuarán contigo —me dijeron cuando fui a ver a los pequeños simios.

Los gorilitas recién nacidos eran como muñecos nerviosos que se te subían por todas partes. Tenían una energía muy especial. Parecían pequeños humanoides, con aquellos ojos tan expresivos. Es increíble lo que nos parecemos a los animales, las partes de su vida que no conocemos, la riqueza de su carácter y su interacción con el mundo. Daba la mano a los gorilas y era como coger la de un niño.

En otra ocasión, en Escocia, tuve que nadar con tiburones. No pasé miedo, porque estaban un poco atontados, creo que por la temperatura del agua. Me sumergí en el tanque con todos los aparatos de buceo, pero pisé una raya que pasaba por allí, y del susto se me salió el aparato de respirar, me hice un lío y tuvieron que sacarme. Pero sobreviví.

En aquel programa estuve «en peligro» muchas veces. Por ejemplo, tuvimos que grabar al dragón de Komodo en Canarias, un lagarto gigante. Es uno de los animales más peligrosos, con muchas bacterias en la boca. Le llaman «el rompeespaldas» porque con la cola puede dar un tremendo golpe para romper el espinazo de sus víctimas y devorarlas después. El realizador quería los mejores planos, los más arriesgados.

—Jordi, ¿te puedes acercar más?

—Sí.

—¿Y un poquito más?

—Mmm, bueno.

—¿Más? Solo un poquito...

—A ver, lo que diga el cuidador, hasta donde sea seguro.

Pero muchas veces los cuidadores están más locos que nadie, y te dicen eso de «No, si no hace nada». Lo pasé mal, porque notaba que el dragón me miraba con ganas de comerme. Pero no pasó.

Un día de niebla fuimos al Parque de la Naturaleza de Cabárceno, Cantabria. Nos lo enseñó un señor muy mayor idéntico al viejecito de *Parque jurásico*. De hecho, era todo tan verde y había tanta niebla que pensaba que los dinosaurios iban a aparecer en cualquier momento, que íbamos a tener que escapar de los velocirraptores o del tiranosaurio. Fue alucinante. Lo que nos persiguió fue un cachorro de elefante que se coló por una valla e hizo que el cámara y yo nos pegásemos una buena carrera nada cinematográfica. Grabando con un tigre también viví un momento tenso: de repente rugió a mi espalda con ese sonido ensordecedor, profundo y cavernoso, y me dije: «Ya está, se terminó mi vida». De hecho, lanzó una garra y casi me destroza la espalda, pero no me alcanzó. Una vez más, me salvé. Aquel programa tenía mucho riesgo, pero fue una experiencia alucinante.

Una vez estábamos en Benidorm grabando una terapia con delfines y niños con autismo. Cuadró mal el plan de producción y yo al día siguiente tenía que estar en Selwo, Málaga. No sabíamos cómo iba a llegar. Me planté con la maleta en la puerta del hotel y la de producción preguntó a los taxistas si me podían llevar. Los taxistas fliparon.

Me vi en un coche con un desconocido de Benidorm hasta Málaga. Aunque me encanta hablar y amo los taxis, soy tímido con los taxistas. En un viaje tan largo, la situación era un poco incómoda. La gente cree que los que nos dedicamos a la comunicación somos muy locuaces, pero no es cierto: cuando estamos con un desconocido, puede faltarnos la conversación. En un momento dado, el taxista me ofreció parar en un área de servicio a tomar un café. Acepté. Ahí empezó la conversación sobre la tele y sobre el mundo.

Y también estuve a punto de morir. Cuando salimos del área de servicio, comenzó a llover de una forma exagerada, como un mar con huecos, una lluvia que lo llenaba todo y, fuera, sonaba un estruendo terrible. Fue muy complicado llegar a Málaga. La tromba casi no dejaba ver la carretera. De pronto el taxista dio un frenazo tremendo que me sacó de mis ensoñaciones.

¿Qué había pasado? ¿Habíamos tenido un accidente? Después se hizo el silencio. ¿Estábamos muertos?

Lo que ocurrió fue que un camión enorme, de esos que transportan vigas supergrandes, estaba atravesado en la carretera. Cuando apareció de pronto, como un mastodonte entre la bruma, el taxista dio un frenazo salvador. Si no llega ir atento y a una velocidad moderada, nos hubiéramos estampado con la parte baja del camión y adiós muy buenas. No podía dejar de agradecer a aquel desconocido que nos hubiese salvado la vida. Al llegar a Málaga a las dos de la madrugada, el taxista tenía que regresar a Benidorm. Le dije que no volviera, que le pagábamos un hotel, pero no hubo manera. En aquel programa no solo era posible morir en las fauces de un animal, sino de muchas otras maneras. Me encantan los taxis, aunque no sé si tanto rato: fue el trayecto en taxi más largo de mi vida, de unas cuatro o cinco horas. A la productora le costó un pastizal.

—¿Qué tal ayer? —me preguntaron al día siguiente los del programa.

—¿Que qué tal ayer? Pues otra vez al borde de la muerte. *Wild life.*

Siempre he tenido dos cosas claras en la vida: que me quería dedicar a la comunicación y que iba a tener un perro.

Desde pequeños, era una petición recurrente: queríamos un perro, queríamos un perro, queríamos un perro. Pero nuestros padres no lo tenían tan claro. De hecho, tal era la obsesión, que iba por ahí con mi inseparable perro de juguete, al que trataba como si fuera real. Lo llevábamos a la playa, a esquiar, a todas partes. Aún lo guardo. Arabi. Mis sobrinos también estaban empeñados en tener un perro. No tuvieron éxito hasta que prepararon a sus padres una presentación de PowerPoint con su proyecto de crianza de canes, donde explicaban cómo se portarían y cuidarían del animal. Los convencieron.

No recuerdo cómo nos lo ganamos nosotros, pero lo conseguimos. Un domingo, mi padre accedió. Fuimos a comprar un perro. A principios de los noventa no había mucha información sobre la adopción y las asociaciones. Los perros se compraban en tiendas o criaderos. Si pudiera volver atrás, hubiera elegido la adopción. Aquel domingo a mediodía fuimos toda la familia a un criadero de animales que estaba en medio de la montaña. No sé por qué, pero teníamos claro que queríamos un bóxer.

Sacaron los cachorros y nos enamoramos de uno, del más calmado, el que se quedaba expectante en una esquina, con mirada zalamera. Nos robó el corazón. Compramos todo lo necesario y, cómo no, la caseta para ponerla en el balcón. Lo bautizamos como Boss. Se establecieron unas normas: 1. El perro tenía que dormir fuera. 2. Lo teníamos que sacar a pasear nosotros. 3. Nunca se podría subir al sofá. La 1 y la 3 no pasaron del primer día. Pronto, el perro se hizo dueño y señor de la casa.

Al día siguiente, lunes, antes de ir al colegio, salí a pasear a Boss por primera vez. El bóxer tenía la costumbre de tocar las narices con sus profundos suspiros para que me levantase a pasearle... ¡Qué pesado! Hasta que no lo sacabas, era una tortura, con su respiración honda, llenándote de babas. Vivíamos en el paseo del Once de Septiembre, Barcelona, una calle muy ancha y larga, con tráfico a ambos lados. El perro se me escapó, con esa inquietud propia de los cachorros, y empezó a correr calle arriba. Fui detrás, llorando, chillando, llamándole, porque había un límite tras el cual, si lo pasaba, se perdería en mitad del tráfico rodado, con consecuencias fatales. En ese momento se detuvo y se sentó. Lo cogí con el corazón latiendo como una máquina sobrecalentada.

Solo se me volvió a escapar un perro en otra ocasión, un cachorro de mastín llamado Tomás, cuando vivía en un local de plaza de España. Fui con él, craso error, a las fiestas de San Isidro, patrón de Madrid, y lanzaron fuegos artificiales. No sabía que iban a ser a esa hora. Le tapé los oídos, pero se asustó y se me escapó entre el gentío. Solo puedo agradecer al Real Madrid, aunque yo sea del Barça, que ganase la Copa de Europa ese día y el tráfico de la zona estuviera cortado, con la gente celebrando el triunfo. El perro pudo cruzar la Gran Vía sin riesgo y me lo encontré en la puerta de casa, tembloroso, esperándome. Estuvo días durmiendo por la tensión.

A Boss hay que agradecerle cosas muy importantes: mi madre, el tiempo que estuvo enferma, encontró en él un gran apoyo. Es increíble la capacidad de los perros para entender nuestros estados de ánimo, a veces mejor que nosotros, y el amor incondicional que nos dan. El perro nunca la dejaba sola, siempre estaba con ella. Daba la impresión de que sabía por lo que estaba pasando, y quizá fuera así. Cuando mi madre falleció, durante el entierro, fue detrás del féretro con gran tristeza... Seguía percibiendo su presencia. Boss nunca se recuperó de la falta de mi madre. Luego lo llevaron a casa de mi tía, en Sant Joan, Mallorca, donde vivió tranquilo sus últimos años, hasta que falleció y fue enterrado allí, con sus otros perros. Cuando me llamaron y me dijeron que había muerto, sentí que perdía una parte de mi infancia. No sé por qué no me lo llevé a Madrid.

Años después, cuando ya disfrutaba de mi independencia, un día, paseando por la calle de la Portaferrissa, que está llena de tiendas, me topé con un establecimiento de animales en el que vi un cachorro de *shar pei* bizco. Entré para preguntar, sin mayor intención. El señor me dijo que me lo regalaba, porque nadie lo iba a querer bisojo. Era una perra de raza, con pedigrí, pero nadie iba a llevársela por su mirada extraviada. Era mediodía y el hombre cerraba la tienda. Esas dos horas, no paré de dar vueltas a si debía llevarme al perro. En aquella época tenía un curioso método para tomar decisiones: fijarme en los coches.

—Si pasa un coche rojo, cojo a la perra —me dije.

Es un método terrible, porque dejas el destino en manos del azar, pero me gustaba hacerlo para superar las indecisiones más tremendas. También tenía una bola negra que daba respuestas —«Hazlo», «Ni lo intentes», «Mejor no lo hagas»— que había comprado en Estados Unidos. Siempre me daba malos consejos. Dejé de utilizarla. Aunque la sigo guardando, ya no rige mi vida.

Al final, pasó un coche rojo, de modo que el cosmos me indicaba que tenía que llevarme a la perra. Cuando después del almuerzo volvió a abrir la tienda, fui y le dije al dueño que me la llevaba. Se retractó. Como había visto interés, quería ponerle precio.

—Era broma, hombre —me dijo el muy caradura.

Había sido una jugada un poco tramposa, pero el coche rojo había dictaminado que me tenía que llevar al animal, así que acabé pagando. No la podía dejar allí. Lola entró en mi vida. Su bizquera le impedía ver por los lados y se iba golpeando con las cosas. Iba con ella al templo de Debod y se chocaba hasta con las bicicletas. Tenía un grave problema para discurrir por el espacio-tiempo, para medir las distancias. Era muy torpona. Además, dormía lo que no está escrito. No era de esas perras que te vienen a saludar cuando vuelves a casa: yo entraba en casa, cerraba la puerta, me ponía cómodo, empezaba a hacer mis cosas y, al cabo de un rato, la perra se desperezaba y venía a decir hola, con toda su pachorra. Otras veces la tenía que despertar yo mismo. Entonces se ponía muy contenta. Los *shar peis* tienen problemas de oído, pues sus orejas son muy cavernosas y hay que limpiárselas mucho, y con dificultad. Incluso tuve que operárselas. Los alimentos le daban alergia, y se rascaba hasta hacerse calvas en la pelambrera; tenía que darle comida especial, un pienso hipoalergénico. Vamos, que Lola no era ningún lince, la pobre.

Intenté que tuviera descendencia, pero no hubo éxito. La llevé al veterinario después del proceso, y me dijo que estaba embarazada y que todo iba muy bien. Luego le hice una ecografía en otra clínica de Madrid y vieron que en realidad no lo estaba, como habían asegurado en la isla: lo que tenía era unos quistes tremendos en los ovarios. Qué negligencia. Hubo que vaciar a Lola.

Lola fue una perra muy querida. Una vez hice un viaje a Oslo en Nochevieja y mi amiga Pepa se quedó en casa con ella. Pero esa noche, como es natural, salió. Al regresar, se lo encontró todo patas arriba. Me llamó el día de Año Nuevo.

—Jordi, ayer por la noche entraron a robar en tu casa.

Mi mayor preocupación era que no le hubiera pasado nada a Lola. Al parecer, la habían pintado con un espray dorado que encontraron en mis cajas de manualidades, para asustarla, y parecía un espumillón. Pero estaba bien, que era lo importante. Mis amigos siempre la aceptaron. En Mallorca, cuando regresábamos tarde de la discoteca y comíamos algo o tomábamos la última copa, se unía al fin de fiesta. La disfrazábamos, le poníamos gafas, incluso le hicimos una ópera, con vestuario, decorado y cartel. Se llamaba *Perra durmiente*, escrita por mis amigas Marina y Silvina.

Un soleado domingo por la mañana, en Mallorca, me levanté y fui a desayunar con la perra. Era uno de esos días de los que no esperas nada más allá de la resaca. Recuerdo que estaba acariciando a Lola, esos pliegues grandes de piel que tienen los *shar peis*, y encontré algo raro, un bulto grande en el cuello. Supe que las cosas no iban a ir bien. Tuve una intuición. El lunes fui al veterinario y me enteré de que los perros podían tener cáncer. Pensándolo bien, no es extraño, pero nunca había reparado en ello. Lola lo tenía.

Habían pasado varios años desde la muerte de mi madre y me resultó tremendo volver a oír aquella palabra, «cáncer». Empecé a pensar en cómo gestionar aquello. Comenzamos a tratarla: la operaron, le sacaron el bulto, le dieron medicamentos, pero le volvió a aparecer al poco tiempo. Muy poco. Me dijeron que era muy agresivo. Para contenerlo, le pusimos una malla de color amarillo, una venda compresora, a la que yo, por dar un poco de alegría en la enfermedad, le dibujé un *smiley*.

Entonces entramos en la fase de lento declive. Es importante encontrar un veterinario de confianza. El mío entendió el duelo que estaba pasando y tuvo un tacto extremo. Miraba a Lola en casa, hecha un ovillo, e imaginaba cómo sería estar sin ella. Tengo mucha capacidad de fabulación, de imaginar futuros con viveza, y aquel dolor era muy profundo. Como el que sentí durante el trance de mi madre. A veces me da miedo imaginar futuros tan detallados, como si me conjurase para que se cumplieran. Tenía que luchar conmigo para quitarme aquellas sombrías imágenes de la cabeza.

Lola andaba renqueante, y se me ocurrió que cada día viniera un amigo a darle la pastilla, a ver si así se creaba algo de energía positiva que la hiciese sentir mejor. Mi amiga Pepa, que me había curado el corazón y sentía adoración por Lola, vino de Madrid a Mallorca a darle la pastilla. Era todo muy emotivo; al menos, lo quise vivir así. Un día se levantó de la cama, puso los pies en el suelo y empezó a gimotear. Los tumores se iban instalando en distintas partes de su cuerpo y empezaban a crearle problemas de movilidad.

¿Qué debía hacer? Cuando iba a la clínica, siempre veía a perros superdemacrados, hechos polvo: el veterinario me dijo que ese era el problema, que mucha gente, por puro egoísmo, intenta que sus animales vivan lo más posible hasta que mueran de forma natural.

—Jordi, coge un calendario y dibuja un sol el día que Lola esté bien y una nube el que esté mal. Cuando haya más nubes que soles, tal vez sea el momento de tomar una decisión —me dijo.

Era un buen consejo, pues priorizaba el bienestar de Lola, y así lo hicimos. Cuando el calendario empezó a acumular nubes, la llevé a la clínica. No tenía sentido alargar su vida sin motivo, solo por ganar días a la muerte, a costa de su dolor. Es muy difícil, es la decisión más dura que he tenido que tomar. A veces me pregunto si fui radical, débil y egoísta, pero llego a la conclusión de que fue lo mejor para ella. No quise que sufriese. Es tremendo estar con tu perra en la consulta, mirarle a los ojos y saber que ella no imagina qué va a pasar. La tumbamos en la camilla y le pusieron la inyección. La acariciaba, la abrazaba para sentir su respiración, le deseé buen viaje... Poco a poco, se durmió para siempre. Fue el 19 de julio de 2011.

Nunca dejes a tu mascota sola en ese momento. Jamás.

La incineramos. Tengo las cenizas en casa, y si me traslado me las llevo, porque me aportan paz, como si Lola nunca se hubiera ido. Uno de mis sueños es enterrarla a los pies de un árbol bonito, cuando tenga una casa con jardín, si alguna vez la consigo. Empatizo con las personas que publican que ha muerto su mascota en las redes sociales. A veces les escribo mensajes de condolencia por privado, aunque no las conozca. A pesar de que desde fuera no lo parezca, se experimenta un dolor gigante. De repente, tu responsabilidad, uno de los pilares de tu existencia, desaparece. Era la primera vez en diez años que no tenía que pensar en ir a casa para pasearla, en darle de comer... Me fui de viaje para superar el duelo, aunque me sentía un poco culpable de disfrutar de aquella libertad. El vacío que queda es enorme.

Creo que viví la muerte de Lola de una forma traumática porque fue una catarsis del episodio de mi madre, una manera de revivirla, y tal vez de superarla. Salí de la clínica con dolor, pero con un alivio parecido: un ser querido había dejado de sufrir. En ese momento me dije: «No quiero volver a pasar por esto. Nunca más tendré perro».

Tokio llegó a mi vida en junio de 2015. Por entonces, seguía pensando que no quería más perros, pero regresé a Barcelona a trabajar en la empresa familiar. Tenía un horario fijo, horas para comer y fines de semana libres. Como no viajaba, y la vida parecía ordenarse, pensé que quizá fuese un buen momento. La oficina de Barcelona tenía un patio muy grande en el que podía dejar al perro mientras trabajaba. Me gustaba la idea de que viniera conmigo a todos lados. Sabía que quería adoptar, de modo que empecé a fijarme en todos esos anuncios que aparecen en las redes sociales y ofrecen perros abandonados o que han pasado por problemas y que tantas veces te roban el corazón.

Me daba igual la raza. Quería un perro pequeño, manejable. Un día vi en Facebook uno de esos anuncios de un perro pequeño y negro. Llamé. Me contaron una historia de esas que, más que echarme para atrás, me motivaron.

—Nada, olvídate. Este perro se lo encontró un chico en la montaña en Gandía. Lo tenía en la oficina de sus padres, pero ellos no lo podían ver, así que es probable que lo hayan dejado en una perrera o en cualquier otro sitio.

Basta con que me digan que me olvide de algo para que me obsesione. Me pasaron el teléfono del chico. Llamé y noté que todavía quería que sus padres aceptasen al perro, pero estaba haciendo una especie de *casting* para elegir al nuevo dueño por si acaso. No quería que se quedara con cualquiera, y su postura me pareció estupenda. Me hizo un prolijo cuestionario por teléfono. Le dije que no se preocupara, que el perro iba a estar bien. Tuvimos que coordinarnos: yo, por el curro, no podía viajar a Gandía hasta tres semanas después, así que encontré una protectora que fue a recogerlo y lo custodió hasta que pude encontrarme con él. En la casa de acogida tenían un perro que se llamaba Tequila, y al mío lo querían llamar Ron, todo muy etílico. Era una casa bonita, con un jardín muy grande, así que el animal pasó de estar perdido por la montaña a un ambiente acogedor, jugando con otro perro.

Llegado el momento me fui Gandía y me planté en la estación. Allí estaba la familia para hacer la entrega, pero el perro se mostraba tímido y me rechazaba. Finalmente me congracié con él. Le puse Tokio porque me parecía un nombre fácil. Es negro, con una franja blanca en el cuello. Mezcla de braco y algo más. Pensaba que iba a ser pequeño, pero sus patas decían lo contrario. Incluso mis amigos competían para vaticinar lo grande que se haría. Ha acabado pesando treinta kilos.

Durmió durante todo el viaje de vuelta a Barcelona. Pensé: «Qué perro más bueno y tranquilo». Nada que ver con lo que estaba por venir.

Pasé de tener una perra que dormía todo el rato a uno hiperactivo y obsesivo que se desesperaba con facilidad. Dicen que cuando los perros bostezan es que están estresados; él siempre lo estaba. Tuve que quitarle el juego de la pelota, que me parecía muy divertido, sobre todo después de la vaga de Lola, porque con Tokio no tenía fin. La quería todo el rato, no le gustaba pasear. La pelota, la pelota, la pelota, la pelota, la pelota. Tuve que desintoxicarle, como si fuera un toxicómano.

Un día lo dejé cuatro horas solo en casa con los juguetes, la música, todo, y me la destrozó por los nervios. Los perros que padecen ansiedad de separación y lo pasan fatal cada vez que el dueño se ausenta me dan mucha penita; creen que nunca va a volver. Pero no era el caso de Tokio. Él lo hacía por diversión. Otro día puso el pestillo por dentro, y, al volver de una comida con mi padre, no pude entrar, y tuve que llamar a un cerrajero, con el consiguiente gasto. Lo llevé a un adiestrador para que me diera consejos. O ponía limite al descontrol, o el tema se iba a complicar. Por suerte, ahora nos llevamos muy bien. Si tu perro la lía, ten paciencia; y luego más paciencia. Gritarle no arregla nada. Si no te queda más remedio, acude a un profesional. Ahora tengo un perro que se comporta como un perro, juega y anda por ahí. Y no se estresa.

Para que no estuviera solo, nos hicimos con Banana, otro perrito. Queríamos darle un hermano. Nos cuidamos muy mucho de que fuera pequeño, un bodeguero que adoptamos en una asociación de Almendralejo. Cuando llegó el momento de traerlo a casa, tras cuatro meses con una familia de acogida, quedamos en una carretera de Madrid. El pobre lloraba, estaba desesperado. Lo cogí y se me meó encima. Teníamos miedo por si se llevaba mal con Tokio, pero todo lo contrario. Los presentamos en la calle, como nos habían recomendado. Ahí empezaron a tentarse, y cuando llegaron a casa enseguida se pusieron a jugar. Hemos tenido la mayor suerte del mundo, porque son superhermanos, se portan muy bien, y no paran de jugar. Tienen una relación fantástica y somos todos perrunamente felices.

Por mi vida han pasado muchas mascotas: Laika, Oliver, Nala, Frida y Camilo. Sin olvidarme, claro, de Son Goku, mi tortuga.

22

Un latido fuera de sitio

Estábamos grabando unos reportajes para *Club Disney* en una estación de esquí del Pirineo aragonés. La jornada arrancaba muy temprano para aprovechar la luz. Aquel día no me levanté muy fino. Durante el desayuno, empecé a notar que me quedaba sin aire. De pronto, el miedo se apoderó de mí y comencé a sentir una enorme presión en el pecho.

Mis compañeros empezaron a quitarme las mil capas de ropa que llevaba para protegerme del frío. No sabía lo que me pasaba, pero no podía respirar. El pánico se apoderó de mí y la productora llamó a una ambulancia. Algo malo me ocurría.

Llegó con la sirena y las luces. Recuerdo el revuelo que se montó en la entrada del hotel. Tras unas pruebas rutinarias, decidieron llevarme a un hospital de Zaragoza.

Durante el trayecto, me iban haciendo preguntas que no sabía cómo relacionar con lo que me estaba pasando.

—¿Has sufrido algún episodio como este?

—¿Fumas? ¿Qué cantidad al día?

—¿Descansas bien por las noches?

—¿Tomas medicación?

Todas mis respuestas eran negativas. Nunca me había pasado. Ya no fumo. Duermo como un tronco y no tomo medicamentos. Durante el trayecto me pincharon algo y la presión en el pecho disminuyó. Llamé a mi padre llorando del miedo para contarle lo que me estaba pasando. Él hizo sus gestiones y, cuando llegué a la puerta del hospital, me esperaba un amigo suyo con el coche en marcha. No entré en el centro. Me monté en la parte trasera del vehículo, me tapé con una manta y me quedé dormido.

Me desperté en Barcelona. El trayecto de casi tres horas lo pasé durmiendo. Al llegar, mi madre me esperaba en la puerta de una clínica. Su cara no me dio buena espina. Tenía el rostro serio y denotaba una preocupación que rápidamente hice mía.

Me llevaron a una consulta y me pegaron unas ventosas metálicas de cintura para arriba. Estaban muy frías. De ellas salían unos cables de colores que iban a una máquina.

Estuvieron un buen rato haciéndome pruebas. Mi madre aguardaba fuera. Al terminar, me puse la ropa y me fui con ella a esperar los resultados. Su preocupación era evidente.

Todo se empezó a complicar cuando salió el doctor que me había atendido y nos dijo:

—Les voy a pedir que se queden aquí. Ha salido algo que no nos gusta, pero quiero comentarlo con el jefe de cardiología.

La palabra «cardiología» provocó el llanto de mi madre. El miedo se apoderó de la sala de espera. Mi madre me abrazaba fuerte y decía en voz baja: «Dios mío, otra vez no. Otra vez no».

Mi abuela había padecido problemas cardiacos. La preocupación de mi madre era que hubiese heredado su débil corazón.

Llegó el jefe de cardiología y, a los cinco minutos, nos llamaron para entrar en su consulta. Sus primeras palabras fueron reveladoras:

—Estén tranquilos, no hay nada malo. Jordi, no corres riesgo. Has tenido una crisis de ansiedad muy aguda.

«¿Ansiedad? ¿Qué es eso? ¡Pero si soy un tío optimista y

feliz!», pensé. No entendía lo que me estaba contando. Pero lo que remató su diagnóstico se me quedó grabado en la mente:

—Hemos tenido que analizar tu electrocardiograma porque salía algo poco habitual. Has tenido un latido fuera de sitio.

En ese momento lo entendí. El cómo y el porqué. Hacía una semana que había terminado una relación sentimental con alguien muy importante para mí. No fue una ruptura fácil, pero yo, metido en la rueda de trabajo y viajes, no la había interiorizado. El dolor estaba ahí, y ese día, en las montañas nevadas de Aragón, salió sin avisar, provocando mi primer ataque de ansiedad.

Siempre he sido muy soñador y fantasioso para el amor. Veía una comedia romántica y me decía «Esto es el amor», y tenía que ser así de bonito. Debía tener esa magia. Siempre he deseado que la vida fuera un musical y la gente se pusiera a cantar. O que tuviera banda sonora para poner música a ciertos momentos. Cuando empezaba a sentirme atraído por una persona, tenía que incorporar esa parafernalia.

Menos mal que tenía a mi amiga Patricia, una mujer muy sensata con los pies en el suelo que muchas veces me ha puesto en mi sitio. Una tarde, saliendo del cine, me dijo:

—Jordi, ¿qué crees que sucede después de lo que hemos visto? No nos lo cuentan todo... Solo hay un beso final. ¿Qué pasa en un par de meses? Igual lo dejan.

Algo hizo clic en mi cabeza. Joder, tenía razón. Vivía demasiado influido por las películas románticas y por la manera en la que te venden el amor: esa explosión, ese torbellino de emociones que termina con un final feliz. Pero luego venía el día después.

Mi búsqueda de «la media naranja perfecta» me ha hecho

conocer a mucha gente. Como todo en esta vida, a veces tienes buena suerte y otras menos.

Siempre me ha encantado flirtear, ligar, conocer a las personas, salir de noche y tontear en la discoteca. Por ejemplo, me acercaba a alguien con quien había cruzado un par de miradas en la pista de baile y le decía:

—Mañana a las seis de la tarde estaré en la puerta del Vips de Gran Vía. Si vienes, nos damos una vuelta y pasamos la tarde. Si no, no pasa nada.

Y me iba. Era el enigma de si aparecería. Si lo hacía, era maravilloso. Siempre buscaba la manera de que las cosas fuesen especiales, poéticas, de ser original ligando, no entrar ahí en plan baboso, dando la brasa. Para mí, a las historias de amor, si no tienen un principio divertido, guay, les falta algo. Has de tener una historia que responda a la pregunta: «¿Y cómo os conocisteis?». Lo dicho, soy muy peliculero para el amor.

Normalmente llevaba bien las rupturas. Me recuperaba pronto. Pero una vez sí que toqué fondo. Me derrumbé por dentro. Mi mejor amiga y hermana, Pepa, cogió un vuelo y se presentó en Mallorca a las pocas horas. Me dijo:

—Vengo a coger y llevarme tu maltrecho corazoncito. No puedo permitir que lo sigas maltratando de esta forma.

Tenía tantas ganas de encontrar el amor que no me di cuenta de que lo estaba conduciendo a la autodestrucción. Se lo llevó a Madrid y se ocupó de él hasta que vio que podía devolvérmelo. Durante esos dos años no tuve ninguna relación sentimental. Me dediqué a quererme y a pasarlo bien sin pensar en nada más. Me fue genial.

Ojalá el amor pudiese con todo. Pero no siempre es así. A veces la vida te arrolla como un tsunami y se lo lleva todo por delante.

Todo lo que tenías desaparece. La felicidad se vuelve tristeza. Estás en otro mundo.

Es ahí cuando la personas que te rodean sacan su mejor versión y te devuelven todo el cariño que les has dado. Cuando le llegó la hora a mi padre, todo mi alrededor se volcó y me acompañó en aquella dolorosa despedida. Siempre les estaré agradecido, en especial a Dani, que lo vivió de cerca. Supo ayudarme, estar conmigo, aguantó el peso de mi pena en su hombro sin moverse ni un segundo. También hay personas tóxicas a las que no merece la pena ver más. Con esas, soy partidario de cortar por lo sano. No puedo seguir relacionándome con seres que me han hecho daño. Soy muy radical. Demasiado.

En una ocasión de un desamor salió algo muy bonito, como esas flores que nacen entre las grietas del asfalto. Resulta que otro de mis pasatiempos musicales consiste en coger canciones en inglés y darles una vuelta para traducirlas al castellano. Estaba pasando por un desengaño amoroso, otro de una larga lista. En esos momentos melancólicos y de tristeza, los sentimientos están a flor de piel y todo fluye. Estaba escuchando «Euforia», de la sueca Loreen, que había ganado Eurovisión, y decidí darle un aire más nuestro. Después de muchas vueltas, con la ayuda mi amigo Valentín, terminé de escribir la letra: «Euforia es lo que siento yo por ti, si no lo sientes tú por mí, ay, dímelo».

Me junté con Carlos Legaz y lo tiramos adelante. Produjimos la canción, hicimos la música y le pregunté a un amigo quién podría cantar en ese registro. Quedé con una cantante que me recomendaron, le mostré el tema y la chica aceptó. Pero cuando fuimos a grabar no le salía y decidió que lo intentase su amiga, que había venido a acompañarla. Pasó como en las películas: la otra, que solo pasaba por allí, entró a grabar y clavó la letra en una toma. Teníamos la canción. «Nuestra canción» era el título.

—Jordi, es un temazo —me decía el productor—. Si quieres, lo puedo mover con gente que lleve a artistas potentes.

Pero no quería hacer negocio, no tenía expectativas. Hicimos un videoclip y lo subimos a YouTube y a todo tipo de redes sociales para estrenarla el día del Orgullo de ese año. Dejamos claro que lo hacíamos por amor al arte, sin ánimo de lucro, para que no nos tocaran las narices las discográficas, los algoritmos, etc. Y empezamos a recibir *feedback*.

Oye, que la canción está sonando mogollón por los garitos de Andalucía. Oye, que la ponen en el canal Fiesta. Oye, que tal cual. El tema empezó a moverse y a hacerse grande. De repente, una emisora que emitía para Alemania cuya sede está en Mallorca —la isla es casi alemana— empezó a ponerla y se convirtió en una de las más exitosas de su programación. Cuando se cumplieron veinte años de la emisora, nos invitaron a actuar en el Pueblo Español de Mallorca. La cantante, que vivía en el extranjero, vino a Mallorca e hicimos la actuación a modo de colofón de aquella pequeña aventura. Jamás lo hubiera imaginado... El tema sonó en los cierres de Cuenca Club. Borque, disyóquey, artista polifacético y creador de la fiesta, nos invitó. Fuimos a conquistar la capital por una noche. Una de las espinitas que tengo es grabar bien esa canción y colgarla en Spotify. Un día de estos.

Esta pasión por el amor y por conocer su versión más real chocaba con mi forma de ser. Soy un «desvinculado». El nombre me lo puso mi madre. Cuando llegaba a su casa y entraba por la puerta, me decía desde la cocina:

—Hombre, ya ha llegado el desvinculado de la familia.

Y no le faltaba razón. Creo que el irme a vivir solo tan joven tuvo parte de culpa. Tenía mucho tiempo libre y casi siempre estaba solo. Comía solo, iba al cine solo, paseaba solo. Era lo normal. Mis amigos estaban trabajando o estudiando y yo, con veinte años, era el único que disfrutaba de un horario flexible. Esa soledad impuesta la llevé muy bien. Me tenía que apañar solito. O, como pensaba entonces, «No está permitido molestar a nadie».

Muchas veces, cuando tengo emociones negativas, las oculto y digo que estoy bien. Si en una fiesta empiezo a encontrarme mal, no digo nada y me voy con discreción para no ser el centro de atención. Tampoco me gusta pedir favores, no me sale, no me gusta cargar a los demás con mis problemas. Prefiero buscar la solución. A veces me aíslo en mi mundo: el día de mi cumpleaños, me inquieta tener que devolver las llamadas y los mensajes de felicitación. Me pasa igual cuando alguien que no he visto en mucho tiempo, como algún compañero del colegio, me escribe por redes sociales: es un sentimiento de extraña timidez. Cuando celebro una fiesta o un evento, siempre invito a la gente diciéndoles que no hay compromiso, que no pasa nada si no quieren o no pueden venir. Odio la sensación de forzar a alguien a hacer algo.

A todo esto le tengo que sumar una enorme timidez. ¿Cómo puedo hablar ante miles o millones de personas a través de un micrófono o una cámara y ser tímido en el cara a cara? Creo que por eso: cuando comunico a una multitud, no pienso en nadie en concreto. No se establece una relación de intimidad. En cuanto se apaga la cámara, vuelve el Jordi tímido y reservado. No soy un buen relaciones públicas, no sé cómo enfocarlo.

No soy de esas personas que en un sarao habla con todo el mundo, que va de corrillo en corrillo, ni me gusta hacer perder el tiempo a la gente con mis historias, que considero que no tienen por qué interesar a nadie. Soy más de quedarme en una esquina, quizá en un sofá, hablando con los que tengo confianza, con los que tengo algo en común, de irme a casa sin avisar después de la primera copa. No soy el rey de la fiesta y ni de pedir chupitos para todos. Admiro a la gente con ese don, pero yo no lo tengo.

El mío es el de crear amistades que duran toda la vida. Tengo grandes amigos que me quieren como soy. Calidad, no cantidad.

23

Pero ¿tú qué haces aquí?

Durante los años de instituto descubrí que me gustaba organizar fiestas y saraos. No solo hacía de pinchadiscos en la castañada. En las convivencias de ese año —una semana que toda la clase íbamos de excursión, tipo colonias—, la última noche propuse celebrar un baile. Me ocuparía de la música. Recuerdo que allí descubrí el poder de las canciones y lo que un dj puede conseguir con ellas. Durante la fiesta, puse los temas del momento. Todo el mundo bailó y se divirtió. Para cerrar la noche, pensé que una balada sería lo mejor. Seguro que todos me dirían que era un aburrido por poner una lenta. Pero no fue así. Empezó a sonar el piano de «La princesa de mis sueños» de OBK y llenaron las pistas parejas consolidadas y otras que necesitaban un pequeño empujón. Muchos primeros besos salieron de ese momento. Lo vi todo desde la mesa improvisada como cabina y pensé: «Me gusta estar en este lado de la fiesta».

Mientras vivía en Mallorca, volví a experimentar lo de estar al otro lado, en el del organizador. Unos amigos abrieron una importante discoteca llamada La Demence Palma. Aunque luego se movió a un polígono industrial para disponer de más espacio, empezó en un local pequeñito de Palma. El objetivo era dar la fiesta más divertida, lo que significaba que todos los fines de semana cambiaba la decoración según diferentes temáticas. Si un día la cosa iba de cebras, se pintaban con rayas las paredes y el suelo; si el fin de semana siguiente iba de purpurina, se llenaba todo de purpurina: era como ir cada «finde» a un club diferente, siempre divertido. Era la marca de la casa.

Poco a poco me fui metiendo en eso y empecé a colaborar con varios bares de mi amigo Gene —se llama Generoso; hace alarde de su nombre y es uno de mis mejores amigos, con una energía y una predisposición contagiosas—. Si en mitad de la noche se estropeaba un altavoz, cogíamos el coche y recorríamos la isla en busca de otro que tenía algún colega en no sé qué confín. Volvíamos y lo instalábamos para que la fiesta siguiera a la altura.

No vivíamos lejos el uno del otro. Todas las mañanas Gene me despertaba pitando con el claxon de su coche, me recogía y me llevaba a trabajar en aquellas ideas maravillosas. Comprar doscientas piruletas para la «Fiesta de la Piruleta», buscar los focos de no sé dónde, recibir al pintor que venía a tal hora... Lo disfrutaba muchísimo. Cuando venían turistas nacionales a la isla y me veían detrás de la barra o pinchando, siempre pasaba lo mismo:

—Pero si tú eres el de *Art Attack*... ¿Qué haces aquí? —me preguntaban.

—Pues currar tan ricamente con mis colegas. ¿Y tú? ¿Qué haces aquí?

Entre fiestas y celebraciones, empecé a preparar sesiones de música. Al principio eran mezclas de una hora para poner a mis amigos. Canciones pop y mucho petardeo. Me pedían copias para escuchar en el coche y algunos de esos CD empezaron a sonar en los locales de Gene. De allí pasé a poner música algunas noches, las menos concurridas. Me lo pasaba pipa entre Marisol, Mónica Naranjo y Raffaella Carrà.

El nombre artístico que me pusieron fue Chico Malo, porque decían que me ponía muy serio cuando pinchaba. Y sí, me lo tomaba en serio, al menos estaba muy concentrado. Un camarero, Óscar, empezó a llegar vestido con *looks* de infarto, superbién puesta, tope *drag queen*. El chaval medía casi dos metros, pero venía con una peluca tremenda, a lo Tina Turner, tacones y una planta impresionante. Se hizo llamar La Popera y me hacía muchísima gracia, así que empezamos a colaborar. Me encanta la producción musical y empecé a escribirle canciones, versiones de Chikilicuatre y otros *hits*, videoclips... Todas las semanas celebrábamos la fiesta Superpop, donde presentábamos sus nuevos temas. La Popera estaba destinada a ser una estrella... al menos local.

La tematización del garito era importante. Una semana llenábamos el bar de banderolas, como si fuera una feria, y otra se transformaba en un psiquiátrico, con paneles acolchados. Solo teníamos una mañana para decorar, así que pensé en una forma rápida de transformarlo sin que nos robase mucho tiempo. Medí las paredes tematizadas y las repliqué en grandes piezas de cartón. Así podíamos trabajar la decoración durante la semana y, llegado el día, solo teníamos que colocarlas en su sitio. Lo preparaba todo en el patio de mi casa, que tenía un montón de metros de terraza; era mi centro de operaciones. La de tardes que me he pasado pintando y pegando cosas en esas planchas de cartón... Otra vez hicimos la fiesta «Tormenta de Nieve». Llenamos el suelo de bolitas blancas de porexpán. En ciertos momentos se oía «Atención, se avecina tormenta», y poníamos en marcha una máquina de esas que expulsan aire con presión. De pronto la sala parecía una bola de Navidad recién agitada, con porexpán flotando por todos lados. El problema es que las copas se llenaron de bolitas y el jefe de barra nos miró con cara de «Os mato». A la gente le daba igual, se pedía otra. La crisis aún no había llegado, tenían dinero. Disfrutaba mogollón. La noche, como el día, tiene muchas formas de vivirla. La parte oscura o peligrosa nunca me ha llamado. Aquellas fiestas me demostraban que la creatividad tenía muchas formas de salir.

Cuando llegó la crisis, todos los negocios fueron cerrando. Lo arrasó todo. Pero las ganas de organizar fiestas no desaparecieron. Años después, cuando empezaron los brotes verdes, mi amigo Steven me llamó para proponerme que le echase una mano con un nuevo proyecto. Ya no vivía en Mallorca, pero me lie la manta a la cabeza de nuevo y pusimos en marcha Lolipop, una mezcla de «mamarrachismo», *shows* y diversión mezclados con el mejor pop sonando por los altavoces. Fue un éxito. La sala se llenaba cada sábado. La purpurina y los cañones de confeti volvieron a mi vida.

En Mallorca empezaron a celebrar el Orgullo. La intención era buena, pero yo, con todo el cariño, lo veía un poco flojo. Estaba convencido de que podía ser más potente. No hacía falta presupuesto, solo darle otro enfoque.

Fui a la asociación que organizaba el Orgullo, Ben Amics, y me ofrecí a echar una mano. Cambiamos la fiesta, le dimos otro aire, procurando que la reivindicación y la celebración fueran de la mano. Hice equipo con Virginia, que era de la asociación, y con mucho trabajo pusimos en marcha los tres Orgullos más multitudinarios de Mallorca.

Era importante hacer del evento un acontecimiento. No teníamos presupuesto. El ayuntamiento daba permiso para la celebrar la fiesta y poco más. Fue la primera vez que vi cómo funcionaba la Administración. Todo el dinero saldría de los bares que pusieran barras. Los dueños de los locales solo pedían una cosa: que hubiese gente. Había que atraer al público con buenos *shows* que llenasen las barras. Empezamos bien: si cuando lo cogimos había catorce, al año siguiente eran treinta y cinco, más del doble. Tuvimos que mudarnos a una plaza más grande. Montamos dos escenarios, una iluminación diseñada para sacar el mejor partido al lugar, barras por todos los lados y zonas para bailar. Organizarlo fue un trabajazo: reunirse con los bares, contarles lo que íbamos a hacer, presentar los planos técnicos para los permisos, pedir el material, las barras.... Mil quinientas gestiones. Organizar un premio para Falete, traer a Nancy Reagan para que pinchase, poner camerinos, buscar a artistas, controlar las tarjetas de embarque... Todo entre dos personas, con la ayuda de los voluntarios y las voluntarias.

Me gusta implicarme, remangarme la camisa, no hacerlo todo desde una mesa. Los días previos desaparecía para mis amigos, me levantaba temprano y llegaba a casa de madrugada, para dormir y ponerme pronto en marcha otra vez. Todo eso me encantaba, porque me llevaba a esos momentos en los que era pequeño y montaba escenarios y decorados imaginarios en mi habitación.

Fueron fiestones. Yo era el que acababa pinchando en el último y apoteósico tramo del evento, con mi alter ego, Chico Malo. Como no había presupuesto, muchas veces teníamos que inventarnos el *show*, ver qué hacíamos. Por entonces era muy fan de los *mashups*, la disciplina en la que se mezclan varias canciones sobre una base en la que deben encajar a la perfección. Monté algunos temas en plan caseros y empezaron a rular por ahí. La gente me decía que los oía en bares y discotecas. Me fui al estudio profesional de Carlos Legaz para algo más serio y le conté mis ideas:

—Oye, Carlos, quiero hacer un *mashup* con esta canción y con esta.

Él lo producía, porque no sé de música, sino que lo sacaba de oído. Para no coger la voz de las canciones originales, se lo pedí a Alexandra, una amiga de la isla que cantaba muy bien y que siempre confiaba en mis locuras. Recuerdo una muy buena que hicimos mezclando el archiconocido «I Gotta Feeling» de los Black Eyed Peas con «Buscando en el baúl de los recuerdos» de Karina. Sonaba fenomenal, y la gente lo flipaba en la discoteca, como si se le cruzasen los cables.

Lo mejor era ver que al día siguiente toda la ciudad hablaba de la fiesta de la noche anterior. Llenábamos la plaza de gente de todo tipo, de todas las edades, todos bajo la bandera multicolor.

24

Atrapado en un atasco con Lady Gaga

Siempre me ha gustado crear formatos de televisión, inventarme programas. Mi mente da vueltas a ese tipo de ideas. Esta práctica viene de los programas que me inventaba y escenificaba con los pocos recursos disponibles —mayormente, la imaginación— en mi dormitorio infantil. Me montaba series, concursos, magacines y nombres de productoras, como «Creaciones Involuntarias», que continúo pensando que no está nada mal. En eso sigo.

La mayoría de mis formatos no llegan a nada, se quedan en un cajón compartiendo espacio con dosieres que detallan las mecánicas del espacio, la escenografía, el vestuario, etc.

Una vez, en mi época de *Club Disney*, estuve en el despacho de los importantes de Telecinco. Fui a presentar un formato y no aparecí solo con la idea en un dosier, sino que llevé cajas llenas de piezas de porexpán que, juntas, formaban mi idea de la escenografía. Todo casero. Ahora lo pienso y me puedo imaginar la cara de asombro y susto de ese jefazo viéndome montar ese «tinglao» en su mesa.

De vez en cuando me gusta revisar los formatos que escribí. Muchas veces me ha sorprendido que se haya realizado un programa parecido a uno que yo hubiera ideado, y me embarga un extraño orgullo. Hay gente que teme que le roben las ideas. No es mi caso. Además, cuando uno tiene una idea, es muy difícil protegerla, y quizá a alguien se le ocurra al mismo tiempo. Hay cosas parecidas flotando en el aire, en el espíritu de la época, y si no la llevas a cabo, lo hará otra persona. A veces he pensado que lo importante no es tener ideas —que, al fin y al cabo, se le ocurren a todo el mundo—, sino ponerse manos a la obra y llevarlas a la práctica. Me gusta ver que prosperan, aunque sea por otros cauces.

Soy un apasionado de la televisión y de todos sus géneros: concursos, informativos, entrevistas... El 23 de abril de 2000 se estrenó un programa que lo cambiaría todo. *Gran Hermano* llegó a nuestras vidas y, con él, los *realities*. España se enganchó a la convivencia de doce anónimos que vivían en una casa de Soto del Real rodeados de cámaras. La maravillosa Mercedes Milá capitaneaba el barco de forma magistral desde los estudios de Telecinco en la carretera de Fuencarral. En ese año, grabábamos *Club Disney* en el estudio de al lado. Muchos días nos hacíamos los remolones después de la grabación para quedarnos y ver *Gran Hermano* en directo detrás de las cámaras. Ojo, nosotros y todos los trabajadores de la casa. Fue un fenómeno social. Luego llegó la academia de *OT* y muchos *realities* más. De todos modos, hay un programa al que le tengo un cariño especial, *Pekín Express*, una yincana colosal en tierras inhóspitas con un euro de presupuesto al día. Confieso que me presenté tres veces al *casting* y llegué a la terna final. Pero no me seleccionaron. Eso sí, los recuerdos grabando el vídeo para mandar a la productora con Gene o Steven no los olvidaré. Oro puro, esas cintas.

La telerrealidad evolucionó a otros formatos. Llegaron los *realitie*s que seguían la vida de un personaje conocido a diario. Muchos creen que el de Alaska y Mario fue el primero en España, pero es un error. El primero lo protagonizó David Bustamante. Se llamó *Uno de los Nuestros*, una serie de diez capítulos de la productora Endemol para publicarla en internet durante 2008. Me llamaron para presentarla y me pareció una aventura.

—Tienes que pasarte todo un verano siguiendo a Bustamante en su gira.

—Vale, perfecto.

Debía acompañarle y rodearme del universo Bustamante. Paula Echevarría estaba embarazada y él, a punto de ser padre. Tenía una enorme gira por España y debíamos grabar todos los conciertos e interaccionar con los fans. En uno de los últimos, ya no podía más, tenía que salir de allí, y eso que había cogido cariño al repertorio. Pero treinta conciertos seguidos...

Empezamos en Zaragoza, donde arrancaba la gira, y estuvimos con él durante los preparativos. Además de los conciertos, había otros temas, como Bustamante y los deportes, o en San Vicente de la Barquera, Cantabria, cerca de la frontera con Asturias. Fuimos a su pueblo y me contó dónde había vivido su infancia, dónde iba con su padre, dónde jugaba con sus amigos... Fue una experiencia inmersiva. Parecíamos moscas revoloteando alrededor de Busta.

David es muy agradable, buena gente y tierno, como se muestra en la tele. Para un presentador y un programa de este tipo es una bicoca: siempre está de acuerdo, te atiende, es abierto y está dispuesto a compartir. Entendí que a veces estaba harto de vernos por allí, pero teníamos que sacar el programa adelante y era nuestro trabajo, así que todo salía bien. Además, estaba dispuesto a hacer el ganso cuando era necesario. Nos hizo sentir muy acompañados.

Como estudioso del fenómeno fan, me resultó muy enriquecedor, porque había una decena de curiosos personajes que seguían a Busta durante la gira, de ciudad en ciudad, de concierto en concierto. Hacían vida en común, estrechaban lazos de amistad, iban con globos rojos... Se hacían llamar la «Marea Roja de Bustamante», siempre en la primera fila, como un ritual. Había una mujer que siempre estaba allí, con su tienda de campaña. Sus hijos se mostraban superfelices de ver contenta a su madre. Dormía en la puerta del recinto con otras fans más jóvenes que ella, y tan feliz. Muchas veces Bustamante, que es muy majo, iba a verlas y a agradecerles esa devoción especial, y ellas se volvían locas. Programas como *Operación Triunfo*, en el que además de la música de los artistas también se conoce su personalidad, su historia, sus puntos flacos y debilidades, logran la empatía con los artistas: consideraban a Busta uno más, como al hijo o sobrino que empieza y llega lejos en la vida. Estaban orgullosos de él.

Era una forma de vivir la pasión por el artista y viajar por España, como los que siguen a Bob Dylan por el mundo o asisten a las inauguraciones de las tiendas de Apple. Coincidiendo con el concierto de Santander, se celebró una gran reunión de todos los clubes de fans de España, montaron una gran fiesta en un restaurante y cantaron canciones de Busta. Flipé por el cariño que le tenían. Siempre me ha alucinado ese fervor. Me apasiona el fenómeno fan.

Tras mi larga trayectoria en contacto con el universo fan, y después de aquel verano con la «Marea Roja de Bustamante», pensé que sería guay hacer un programa dedicado al fenómeno que tanto me fascinaba. Me convertí en fan de los fans. La idea era hacer un concurso para encontrar al mayor seguidor de un artista. El premio sería vivir una experiencia increíble con su artista favorito. Me junté con mi amigo Víctor Mayol, que me ayudaba con la parte técnica de todas las ocurrencias que se me pasaban por la cabeza y, a través de una productora en Mallorca, conseguimos cámaras y un pequeño presupuesto para montar un primer episodio. El programa se llamaba *Número 1* y grabamos el piloto en Palma. Como tenía cierto contacto con David Otero de El Canto del Loco, y aprovechando que venían a tocar a la isla, le lie para ser el «premio». El ganador podría conocerle antes del concierto y él, que es muy majo, no puso ningún problema.

¿En qué consistía? Tres participantes tenían que superar pruebas delirantes por la calle, intentando conseguir que los viandantes hicieran cosas por ellos. A través de diferentes eliminatorias, dos llegaban a la final y solo uno se alzaba con el premio. Nuestro único contacto con ellos era un móvil a través del cual les dábamos instrucciones Teníamos tan poco presupuesto que decidimos que cada participante fuera con un amigo o una amiga y que esa persona fuese grabando su peripecia con una cámara doméstica. Lo que empezó como una solución temporal acabó convirtiéndose en uno de los elementos más originales del formato. Al ir con alguien de confianza, no con un equipo profesional de televisión pegado a ellos, sus reacciones y conversaciones eran más fluidas, espontáneas y divertidas.

Las pruebas eran del tipo: «Encuentra al mayor número de personas por la calle que se ponga frente a la cámara y chille los nombres de los componentes de El Canto del Loco como si estuvieran en primera fila de un concierto. Tienes quince minutos». Uno lo grababa y el otro hacía las pruebas. El piloto, por las calles de Palma, quedó muy gracioso. Ganó una chica que conoció a David Otero y se fue muy emocionada.

En una reunión de mi representante con la cadena Neox en sus primeros compases, les enseñó el piloto y les encantó.

—Queremos este formato en nuestra cadena —dijeron—, y que empiece cuanto antes.

Acababa de vender un formato de televisión. De la alegría

máxima pasé al *shock* cuando nos comunicaron que otra productora había registrado un programa parecido con casi el mismo nombre.

Nunca supe si fue una casualidad cósmica, o alguien había visto el *teaser* y quiso aprovecharse de mi idea. Logramos demostrar que nuestra idea era original porque el piloto se había grabado en una fecha concreta, el día del concierto de El Canto del Loco en Palma, y el registro de la otra productora tenía una fecha muy posterior. Nos adelantamos. Libres de sospecha, firmaron catorce episodios, que llevaría a término una productora propuesta por la cadena.

Era mi primera experiencia como creador de formato y director de equipo. Al principio cuesta, claro. Hubo desencuentros con la productora, hasta que entendieron que me iba a quejar hasta que las cosas se hicieran bien. Se formó un equipo estupendo. Guardo muy buenas amistades de ese programa porque, a pesar del bajo presupuesto, nos lo pasamos muy bien.

En el primer episodio buscamos al fan número uno de La Oreja de Van Gogh. El premio era viajar a Mallorca para vivir con ellos la experiencia de un concierto desde el *backstage*. En realidad, estábamos probando lo que tanto habíamos preparado y pensado. Era la forma de demostrarnos si éramos capaces de grabarlo todo en una jornada. Empezamos a las nueve de la mañana. De entre todos los fans, seleccionamos a diez finalistas para un *casting*. De ellos escogimos a los tres participantes definitivos y empezó el juego. Habíamos programado media hora para cada prueba, pero entre pitos y flautas nos llevaba tres horas cada una, de modo que había que replantear el plan de rodaje. Hicimos ajustes continuos. La grabación era más compleja de lo previsto.

La prueba final era la más espectacular, en la que gastábamos más presupuesto. En aquella ocasión, como La Oreja estrenaba

«El último vals», la prueba consistía en que los dos equipos salieran de la Puerta del Sol, en el centro de Madrid, y llegaran a plaza de España. Por el camino tenían que conseguir a alguien que se vistiese con un traje de época, les cogiera de la mano y no se soltase hasta llegar a la meta. Allí darían al *play* en una máquina de discos, sonaría «El último vals», y tendrían que bailarlo. El primero, ganaba. La prueba era complicada.

Yo estaba en plaza de España y no veía lo que hacían. Los concursantes comenzaron a moverse por la Puerta del Sol, tan nerviosos que casi no sabían explicar lo que necesitaban, y trataban de encajar a la gente el traje de época de primeras, sin explicaciones, y claro, las personas se enfadaban. Una finalista, Guada, iba con su madre: la madre grabó a la hija todo el día, haciendo pruebas por la calle. La chica consiguió convencer a alguien para que le ayudase a ganar, pero echaron a correr y dejaron a la madre atrás. Apareció corriendo en plaza de España con la ciudadana, muy contenta y agotada, pero sin su madre. Había perdido a su hija por el camino, y como no era de Madrid ni conocía la ciudad, empezó a preguntar a todo el mundo por la plaza de España. La pobre mujer rompió a llorar.

—¿Plaza de España? He perdido a mi hija. ¿La plaza de España? Está en un concurso de la tele. ¿Dónde está la plaza de España? ¿Mi hija?

El vídeo que quedó grabado transcurre entre la risa y la angustia... Qué mal lo pasó corriendo por Gran Vía, con la cámara encendida, desesperada. Una de las normas era que el acompañante debía tener siempre al participante en plano. No se podían dividir o perder. Así que no superaron la prueba.

—Vienes sin tu madre, la prueba no es válida —le dijimos a la pobre chica.

Entonces se desató el drama, gritos y lágrimas. Vaya chasco. Fue uno de los momentos más locos del programa.

Después de la primera grabación, todo fue como la seda. Tuvimos invitados como Amaia Montero o Álex Ubago, algún deportista y artistas internacionales muy *top*, como los Jonas Brothers —con los que me hice una sesión de fotos— o Lady Gaga. Esta acababa de empezar su carrera, había presentado su disco *The Fame* y había ido a Madrid al concierto de Los 40 Principales. No era cabeza de cártel, lo que indica que aún no estaba en la cima. Teníamos que encontrar a artistas que provocasen un movimiento fan masivo, y Lady Gaga lo era. Buscábamos a gente capaz de lograr que sus seguidores hicieran una locura por la calle.

Lady Gaga hizo unas peticiones algo extrañas: deseaba que los fans fuesen «de verdad». No sabíamos cómo medir la «autenticidad» de un fan, pero entendí lo que quería. Había tenido una carrera muy aupada por sus seguidores y les tenía gran respeto y aprecio. También pidió que hablasen inglés, para comunicarse con ellos con fluidez, conversar. El premio era acompañar a Gaga desde el hotel hasta el concierto, viajar en su furgoneta y asistir al *show*.

Ganó un chico gallego, muy fan. La última prueba consistía en buscar por el centro de Madrid a alguien que se disfrazase con el look de Gaga: tacones de infarto, peluca rubia con un lazo XXL y un vestido nada cómodo, y llevarlo de la mano hasta la meta. No era fácil. En aquel programa tuvieron que currárselo, y el ganador acabó con un considerable dolor de espalda. Para el encuentro con la artista, gastamos una pequeña broma de cámara oculta al ganador.

—Lady Gaga no está en el hotel... Tenemos que coger una furgoneta en el aparcamiento e ir a otro lugar —le dijimos.

Cuando llegamos al aparcamiento y entramos en la furgoneta, ahí estaba la estrella, para su sorpresa. La tía llevaba una pamela negra enorme que casi ocupaba todo el vehículo y unas gafas de sol. Fue total. Estuvo muy simpática y cercana. El ganador le regaló unas gafas de sol alucinantes y ella se las devolvió firmadas, además de pedirle que le prometiera que las guardaría para que, al verlas, recordase el momento. El hotel estaba en Atocha. Cogimos un atasco enorme, así que estuvimos hablando con ella y, cuando acabó la entrevista, llegó el silencio. Todavía nos quedaba como una hora parados en el tráfico de la M-30, mirándonos. Atrapados en uno de los famosos atascos de la capital. Era una situación muy extraña: el conductor, el cámara, el mánager, el ganador y yo allí metidos con una de las estrellas más grandes del mundo. Ella miraba por la ventana, el conductor se quejaba del tráfico y, bueno, como no había mucho que hacer, nos pusimos a hablar de Madrid. Contó que ya había actuado en la ciudad, en un pequeño club *indie* llamado Ocho y Medio, muy popular, y otras cosas así, sobre la comida y la gente. Lo típico. Por suerte, el ganador hablaba un inglés fluido y ella fue encantadora. Aprovechamos ese tiempo para contarle de qué iba el formato y cómo habían sido las pruebas.

—¿Así que había dos personas compitiendo para conocerme?

—Pues sí, pero acabaron eliminadas...

—También quiero verlas.

Las llamamos y las convocamos en el lugar del concierto para que la conocieran después del recital. Al final las montó a todas en la furgo y las volvió a llevar al centro. Es una mujer muy entregada con sus fans, a los que llama *little monsters* («pequeños monstruos»). Los cuida mucho. Da gusto. Por cierto, los demás nos fuimos con el equipo de Gaga, los músicos y los bailarines, de marcha nocturna, lo cual estuvo muy bien. Al día siguiente se iban para Rusia.

Hicimos otro con Miley Cirus, cuando aún era la Hannah Montana de Disney. La prueba final era ir de Sol a Callao por la calle

Preciados, una de las vías más comerciales y populosas de Madrid, disfrazados de caja de palomitas de maíz, de esas que compras en el cine. El paquete «tamaño persona» estaba lleno. Según corrían los participantes, iban rompiendo el cartón y dejando un reguero de maíz tostado y reventado. Vino la policía y se lio gorda al ver aquellos paquetes corriendo como locos por la vía pública. Al conocer a Miley Cirus, como todos los artistas, debía poner al ganador una chapita con el número uno, que lo proclamaba como fan número uno y ganador, pero en ese caso quisieron que no se lo pusiese ella, sino su padre, que resultó ir un poco mareado, o eso parecía, y le costó ponerle la chapa. Cuando salimos de la habitación del hotel, vimos a una niña pequeña corriendo por el pasillo. Era una fan muy jovencita que quería ver a Miley y se había colado. Me sorprendió que uno de los guardaespaldas la detuviera con toda la seriedad y se apartara el faldón de la chaqueta para mostrar la pistola a una enana de siete años. Me pareció horroroso. Virgen santa, qué poco tacto. Aunque la niña ni se inmutó. Sería una tipa dura.

Aquel programa tuvo un problemilla: teníamos tanto material que lo emitimos en dos partes, sábado y domingo, y creo que perdió fuerza. Tendríamos que haberlo comprimido en un programa que se viera del tirón, pero es algo que pasa cuando eres primerizo, ya sea en un programa de la tele, en una novela o en una obra de teatro: quieres aprovecharlo todo y quizá no hace falta. Mejor cribar y hacer un buen producto, rápido y conciso. Otro problema fue que se emitió en verano, durante la sobremesa... En los meses de calor y ese horario, un programa para público joven no funciona. La gente está en la playa, en la piscina, haciendo el gamba por ahí. Me encantaría hacer una nueva edición de *Número 1*.

25

Buenos días desde Ràdio Calvià

A veces, cuando vienes de los grandes medios nacionales y tu siguiente proyecto es en un medio más austero o local parece que estás de retirada, que estés retrocediendo, que te vaya mal. Nunca lo he visto así. Supongo que mis orígenes en radios y teles locales me dieron otra visión. Mi nivel de satisfacción en medios más grandes y con mayor visibilidad era el mismo que si hacía algo local.

En 2013, mi amiga y compañera de piso Hanna me dijo que salía a concurso público un programa de radio en Calvià. En esos concursos, hay que presentar un proyecto y un presupuesto para que el ayuntamiento lo acepte frente a otros.

Calvià es una parte fabulosa de la isla de Mallorca que tiene unas costas fantásticas. Allí está la zona de Magaluf, conocida por los desfases festivos de la chavalería extranjera. La zona es estupenda y vive gente maravillosa. Pero los medios solo sacan una parte, y parece que todo sea como en Punta Ballena, el epicentro del descontrol.

Es de esos lugares turísticos cuyo año se divide en dos partes: en la que hay turismo y en la que no, y son muy diferentes. La población cambia: hay más gente en verano; en invierno es como un pueblito. Dos universos.

Sacaban a concurso el programa de las mañanas. Hanna trabajaba en los servicios informativos, así que la buena compañía estaba asegurada. Preparé una escaleta, el currículum, el proyecto y me presenté. Y lo gané. Ese fue mi regreso oficial al mundo de la radio. Aquel año seguía con los talleres de manualidades por España, de modo que de lunes a viernes estaba en Mallorca, y el viernes dejaba a Hanna, me cogía un avión para ir a otros lugares a encontrarme con «artemaniacos» y hacer cosas chulas.

En la emisora estábamos los dos, no teníamos productores ni técnicos. Hacer radio local casi sin presupuesto te lleva a crear: contar con tus amigos con talento y dejarles hacer lo que les dé la gana. Al no haber un acuerdo comercial, puedes escoger a los colaboradores y no te ponen problemas. Tenía una escaleta con secciones fijas; por lo demás, iba a mi aire. Todos mis amigos que tenían algo que contar venían al estudio. Steven y Miguel Ángel, que eran muy graciosos, hacían una sección para comentar las noticias del corazón. Alejandro, desde Madrid, hablaba de cine y series. Ana trataba temas de psicología y comportamiento. Al final, cualquier bicho viviente que pasara por mi vida que fuera interesante o tuviera alguna habilidad venía. Y quedaba genial.

Por un milagro, nuestros oyentes no habían elegido Cadena Ser, Onda Cero ni la Cope, sino Ràdio Calvià, así que no podíamos contar lo mismo que en otras cadenas. Dábamos cabida a lo que pasaba en el pueblo antes que a las noticias nacionales. Era un programa de cinco horas donde hacíamos entrevistas y dábamos voz a noticias locales, como la feria de la tapa de no sé dónde, la festividad de San Patricio en los pubes, y llevábamos al alcalde, a la concejala de turismo, etc. Era todo muy informal, había cierto compadreo y me lo pasé muy bien. La radio estaba en Santa Ponsa, en un local muy pequeñito. Al entrar, había una sala de espera similar a la de un centro médico, la redacción, donde trabajaba Hanna con sus ordenadores, papeles, teléfonos y la máquina de café —a la nueve de la mañana ya se había tomado todo el café de la isla—, más allá estaba el estudio, también enano. Lo único malo es que tenía que estar allí cada mañana a las siete y media. Y me costaba un montón.

—¿Y no puedo llegar a las nueve menos diez? —suplicaba, aunque no me hacían caso.

Hanna es de las personas más entregadas y comprometidas que he conocido en mi vida. Me sacaba de la cama por la fuerza y me metía en el coche.

Llegó Semana Santa y me querían hacer trabajar en Jueves Santo. No entendía nada. Lo de trabajar me gusta, pero perder el tiempo no.

—Es festivo. ¿Quién nos va a escuchar? —protestaba.

Tampoco pasaba nada porque un día la gente no tuviera su programa de la mañana. No conseguí que cambiaran de opinión, así que me lo monté de una manera muy curiosa: busqué en YouTube un vídeo que contaba toda la historia de Jesucristo. Duraba cinco horas. Descargué el audio y lo puse. Solo intervenía a ratos para hacer comentarios:

—Ahora Jesucristo entra en Jerusalén. Seguimos con la emocionante historia de Jesús de Nazaret. No te la pierdas —decía en antena. Y le daba al *play*. Así todo.

Nadie dijo nada, lo que demuestra que nadie escuchó el programa ese día. Ni los jefes. Podía haberme ahorrado el día de trabajo en festivo.

Calvià, como muchos otros lugares de España, estaba siendo observada con lupa por sospechas de corrupción. La radio era pública, dependía del ayuntamiento. Cuando empecé a trabajar allí no lo sabía, pero un día se presentaron la Guardia Civil y la jueza con una orden para registrar la emisora. Su objetivo era encontrar documentos o material sospechoso. Por supuesto, yo no tenía nada que ver con tramas de corrupción y, además, era un recién llegado, pero la jueza se llevó cosas mías. Concretamente, mi agenda. El registro fue un sábado, yo no estaba presente, pero el lunes por la mañana tenía que trabajar y no encontré la agenda donde apuntaba los números de teléfono que necesitaba. Lo peor fue que ese día tenía una cita romántica y había anotado el teléfono en la agenda. Empecé el programa contando lo que había ocurrido las últimas cuarenta y ocho horas, información que ya estaba en las portadas de los periódicos locales. Cuando terminé, cambié de tono y le pedí a la señora jueza que me devolviese la agenda.

—Al menos la página de hoy lunes, porque tengo una cita con una persona y ahí está el teléfono, que no puedo conseguir de otra manera.

Todo eso en antena. Empezaron a llamarme del departamento de prensa del ayuntamiento como si estuviera loco. Pensé que era una buena forma de romper el hielo. No compartían mi opinión. Pese a mis esfuerzos, la agenda no apareció, así que no tuve esa cita.

Estuve un año en aquella emisora. Ha sido mi única experiencia trabajando en el ámbito público. Estar en una radio relacionada con un ayuntamiento vigilado por presuntos casos de corrupción no me parecía el mejor sitio donde seguir trabajando. Además, aquella experiencia puso el broche de oro a mis años de vida mallorquina. Ese verano, como todos, mi padre vino a verme, pero aquella vez trajo bajo el brazo una antigua promesa que le había hecho.

—Jordi, es hora de cumplir tu palabra.

Como habíamos acordado, al cumplir los treinta y seis, si no tenía un proyecto laboral estable, volvería a Barcelona y me implicaría en la empresa familiar. Me había comprometido y me apetecía cambiar de aires, probar otra cosa, complacer a mi padre, conocer cómo funcionaba su compañía. Era la lucha constante que habíamos tenido desde que empecé en el mundo del espectáculo, y el péndulo se movía hacia los intereses soñados de mi padre, de modo que estaba muy contento. Un día quedamos para comer, hablamos del trabajo, de las condiciones, del sueldo. No quería que hubiese malentendidos.

—Pero, ojo —le dije—, eso no quiere decir que cierre para siempre las puertas al mundo de la comunicación.

Regresaba a Barcelona después de tropecientos años, desde que, en 1998, había dejado la ciudad para irme a *Club Disney*. Empezaba a trabajar en la empresa de mi padre y me ilusionaba recuperar la vida familiar. En los últimos años, esta había aumentado gracias a una cuñada fantástica y a unos sobrinos que me daban mucha alegría. Pero antes de todo eso me tocaba hacer la mudanza.

Mi piso de Mallorca era como la gran casa. Había ido acumulando todo lo que había encontrado durante mi largo camino por el mundo. Me puse a hacer cajas, más cajas y más cajas, decenas. Cuando llegó la noche, me llamaron mis amigos:

—Jordi, hombre, vente a tomar una copa, no te puedes despedir así...

—No, que estoy de mudanza, me queda un montón y tengo que estar a tope...

—Venga, Jordi, es tu último día...

—...

Acabé de copas con ellos. Un chupito, una copa, otro chupito... Resultado: al día siguiente me desperté a las tres de la tarde con las sábanas empapadas —me había quedado dormido con una botella de agua en la mano— y un taladro que me atravesaba el cerebro. Tuve la mayor resaca del mundo.

Recuerdo despertarme y recibir aquel bofetón de realidad:

«Estoy de mudanza». La casa estaba llena de cosas, las cajas a medio hacer y los transportistas llegaban al día siguiente a las ocho de la mañana. Me lo tomé con filosofía. Además, era muy maniático para las mudanzas: desmontaba los muebles, cubría la tele con mantas, lo dejaba todo preparado para hacerla de la forma más rápida y organizada. Todo tenía que estar perfecto, aunque mi cabeza estaba en *off*. Comí y me puse a trabajar. A la medianoche rompí a llorar de la impotencia: no podía más, no tenía fuerzas para bajar más basura, el cansancio era enorme y me dolía todo el cuerpo. Pero lo conseguí.

Llegaron con el camión y se lo llevaron todo con destino a Barcelona. Por la tarde venía el dueño para devolverle las llaves y ver que estaba todo correcto antes de devolverme la fianza.

Había que limpiarlo todo, así que llamé a mi prima Marta para que me ayudara. Pasamos el día trabajando para dejar la casa, las paredes y el suelo como los chorros del oro. Luego cogí un vuelo a las diez de la noche para empezar a trabajar al día siguiente en las clínicas de mi padre. He pasado por catorce mudanzas, pero esta se lleva el premio a la peor de mi vida. Así fue mi despedida de Mallorca, por todo lo alto.

Nota mental: nunca tomes chupitos antes de una mudanza.

26

Cumplir promesas sin abandonar tus sueños

Centros Cruz Navarro tiene tres sedes en Barcelona dedicadas a la rehabilitación y a la fisioterapia. Mi padre montó la primera en 1975. Tras tantos años en la noche mallorquina, rodeado de purpurina y confeti, delante de los focos en los platós de televisión, ante los micrófonos de la radio o jugándomela con el peligroso dragón de Komodo, quién me iba a decir que acabaría haciendo trabajos administrativos en la empresa familiar. Las vueltas que da la vida. Me pareció justo interesarme y conocer lo que mi familia había hecho toda la vida, lo que nos había dado de comer durante nuestra infancia y juventud.

En septiembre de 2014 me incorporé a la recepción del despacho de logopedia en el turno de mañana, y más tarde me ocupé de cuestiones de tráficos, cuando una aseguradora, con las que se tienen acuerdos, pasaba a gente accidentada para que se la tratara en procesos de rehabilitación. Todo a nivel administrativo. Tenía que ponerme en contacto con el paciente, cerrar una visita con él, vigilar que cumpliera el tratamiento con las recomendaciones del traumatólogo, hacerle el seguimiento, etc.

Lo que yo hacía ya llevaba haciéndose muchos años. Desde los inicios, con un primer despacho donde pasaba visita y trataba a los pacientes, mi padre instauró una forma de trabajar en la que todos los pasos debían estar claros. Su búsqueda de la excelencia era, a veces, misión imposible. Revisar una y otra vez un documento para cambiar una palabra o volver a redactarlo. Lo bueno era que siempre aprendías algo valioso que luego podrías utilizar.

Era un tipo muy metódico, hasta cotas extremas. Un día nos comunicó que quería alquilar su casa y mudarse. Lo gracioso es que creó una hoja de Excel donde iba puntuando los pisos que veía en diferentes categorías. Cuando íbamos a mirar uno, podíamos pasar dos horas revisando todos los rincones. Mi padre tomaba nota de las diferentes circunstancias y rellenaba el formulario, para luego valorarlo de forma científica y elegir la mejor opción: rodapiés, inodoro, instalación eléctrica, patio de luces, interior de los armarios, etc. En realidad, no era mala idea, pero resultaba exasperante.

Así era mi nueva vida. Hay gente que considera estos regresos al negocio familiar, a la ciudad natal, una derrota, una renuncia a tus sueños, a tus ideales, a tu modo de vida. A veces puede sentirse así. Pero lo vi como una experiencia más. Fue el momento de reencontrarme con amigos que hacía tiempo que no veía, como Laura, a la que le había perdido la pista desde que fue madre, o como Ana, mi ángel de la guarda en Ibiza, que también había vuelto a la ciudad donde nos conocimos con diecisiete años. Mi creatividad buscaba válvulas de escape, momentos en los que volver a mis ocupaciones anteriores, pinchando en fiestas los fines de semana, como unas muy divertidas y populares que se llamaban «Churros con chocolate» o en «¡Que Trabaje Rita!» Viví ese tiempo, casi año y medio, sabiendo que iba a ser temporal. Nunca pensé que fuera el fin de mi carrera en los medios. Sabía que ocurriría algo. Y así fue.

Hay cosas que aparecen sin buscarlas, como si estuviesen

escritas en el destino o como si, por el contrario, fueran el resultado de una extraña combinación del azar. De repente, en diciembre de 2015, me escribieron de Cadena 100. Me preguntaban por mi vida, en qué proyectos estaba, y me dijeron que estaban barajando mi nombre para un programa. Es curioso cómo circulan por los despachos los nombres de los profesionales. Aunque no sea consciente y esté a otra cosa, me pregunto en cuántos despachos y reuniones se ha barajado mi nombre sin que yo lo sepa, cuántos trabajos han estado a punto de ofrecerme y se han quedado en el tintero. No sé, quizá ninguno. Puede que oportunidades rarísimas y espectaculares.

En cualquier caso, estaba en el escritorio de la empresa, con una vida formal y administrativa, inmerso en temas de rehabilitaciones, llamadas, aseguradoras, etc., cuando leí ese mail. Fue una sensación de *shock*, porque mi situación era como un estadio de agradable letargo, estable, sin problemas, de bajo perfil. De pronto, llegó un torpedo que impactó en la línea de flotación. Todo se movió. Sentí que, después de ese *casting* de última hora para *Club Disney*, era el segundo misil que lo hacía volar todo por los aires. Contesté al mail de forma clandestina, sin contárselo a nadie. Sabía que mi padre se llevaría las manos a la cabeza ahora que por fin, tras tantos años, había conseguido tener a sus dos hijos girando en su órbita. Era su sueño, pero no el mío.

Ese viernes fui a Madrid a reunirme con un directivo de la cadena sin decirle nada a nadie. Me sentía mal por actuar con nocturnidad y alevosía, pero era lo correcto. Para más inri, la reunión tenía aires de película de espías, todo con mucha discreción, de noche, en un lugar donde era poco probable que nos vieran. Muchas veces, en el mundo de los medios, evitan que corran rumores sobre posibles fichajes, que se entere la competencia, incluso en la misma empresa.

Al parecer, habían hecho una lista de voces con las que la

gente se pudiera sentir identificada y que les trajesen buenos recuerdos, y mi nombre estaba en ella. Tuvimos una conversación muy bonita sobre la radio y me propusieron hacer una demo a la semana siguiente, y con eso decidirían. Tenía que grabarla en los estudios de Cadena 100, que están donde los de la Cope, en la parte de atrás del ayuntamiento de Madrid, y me pidieron que fuese de noche, cuando fuera menos probable que alguien me viera. Me pusieron a grabar intros y a poner música, seis o siete canciones. No sabía cómo utilizar aquellos aparatos, así que me lo explicaron sobre la marcha: tenía que hacer autocontrol, sin técnico de mesa. Es lo habitual en la radiofórmula: tienes que locutar, pero también poner las canciones, controlar los volúmenes, etc., como en mis tiempos de radiofonista en Radio Virolai, cuando pasaba los recreos retransmitiendo con dos viejos radiocasetes. Terminé la demo después de grabarla mil veces, hasta que sentí que no podía hacerlo mejor. La dejé allí con el nombre encriptado para que nadie la encontrase, acompañada de un mensaje muy sincero: «Ya tenéis la demo; que sepáis por adelantado que es horrorosa. Pero, bueno, es lo mejor que he podido hacer... Es un desastre. Gracias por la oportunidad de todos modos».

Me fui de capa caída, pero a los pocos días me llamaron y me dijeron que habían visto algo en mi grabación, que quizá podíamos trabajar juntos. Quedé con el jefe de antena, Kevin Palmer, en los estudios de la Ciudad Condal y vi la luz. Estaba más descansado, no era todo tan clandestino. Había gente que me hablaba, me transmitía y me salió mejor. Me dejó unas tareas para grabar y regresó a los quince minutos, como el profesor que viene a corregir el ejercicio. Cuando escuchó lo que había grabado, vi en sus ojos la satisfacción ante el trabajo bien hecho. El siguiente paso era quedar con los jefes para cerrar la oferta.

Mi familia seguía sin saber nada de lo que estaba cocinándose, así que a unos días de la reunión final, quedé con mi padre y con mi hermano para contárselo. Fuimos a comer y les hablé de la oferta, que todavía no era en firme, y les dije que había hecho unas pruebas y que creía que todo iba a ir bien. Además, me apetecía. Como era previsible, a mi padre le sentó como si alguien le echara por encima un jarro de agua fría y empezó a utilizar aquellas artimañas suyas de hace mil quinientos años:

—Si es necesario, te doblo la oferta para que no dejes la empresa. ¿Cuánto cuesta montar un estudio de radio? ¡Te abro uno en Barcelona para que hagas lo que te dé la gana! ¡Aunque sea por diversión!

El tío agarraba el hueso y no lo soltaba.

Mi hermano, como siempre, me apoyó y me ayudó a calmarlo y a hacerle entrar en razón.

A los pocos días mi padre fue a hacerse unas pruebas. En las imágenes se vio algo que no pintaba muy bien. Salimos de la clínica muy desanimados. Era probable que tuviéramos que enfrentarnos a un cáncer de nuevo. En aquel instante decidí que nada de irse a Madrid, nada de Cadena 100: me quedaría a cuidar de mi padre durante la enfermedad, esa vieja conocida, acompañándole. Se me desactivaron todos los planes de la cabeza.

Aun así, fui a Madrid y me reuní con los jefes, que me dijeron que les encantaba mi trabajo, que todo estaba muy bien.

—Queremos que vengas y hagas tu programa.

—Es genial, pero no puede ser. Tengo que cuidar de mi padre. Quizá tenga un cáncer y no puedo comprometerme.

—¿Y los fines de semana?

Era una buena opción: estar en la empresa durante la semana y acompañar a papá, y organizarme con mi hermano para viajar a Madrid los «findes». Sería duro, lo sabía, sin días de descanso, pero estaría bien para compaginarlo y volver a poner un pie en los medios.

Tendría que vestirme el traje de superhéroe para mantener el ritmo, pero lo haría. Al salir de la reunión, recibí una llamada de mi padre. Supuse que traía malas noticias.

—Jordi, ¡no tengo nada! ¡Falsa alarma!

¡Me alegré muchísimo! Estaba sano. No tendría que pasar por el calvario del tratamiento ni nosotros sufrir de nuevo a su lado. Eso sí, había acordado hacer el programa de fin de semana y no había vuelta atrás.

Volver a un medio nacional me puso de nuevo en el disparadero. Se publicó la nota de prensa y mucha gente se alegró del fichaje. Los compañeros que llevaban las redes de la emisora consiguieron que me verificaran la cuenta de Twitter. Oficialmente, era Jordi Cruz Pérez, pero ya no era el único Jordi Cruz conocido.

Un primero de mayo de 2017, el día del Trabajo, con unas redes sociales normales y corrientes, un Twitter de andar por casa y una vida de lo más normal y corriente, me levanté y vi que no paraban de insultarme por internet. Mucha gente. Era un linchamiento. ¿Por qué? Otro Jordi Cruz, el famoso cocinero estrella jurado de *Masterchef*, había hecho unas declaraciones que levantaron ampollas.

Mucha gente volvió a localizarme porque otra persona se llamaba como yo. En ese momento, él estaba en la cresta de ola, había hecho unas declaraciones y se montó una polémica. ¿Qué podía hacer? Una opción era ponerse borde y enfadarme con todo el mundo; pero como no iba conmigo, decidí tomármelo con humor y responder en plan de coña: «Si algún día pongo un restaurante, os avisaré, pero por el momento lo mío son las manualidades...».

Alguien propuso que, para diferenciarnos, hablasen del Jordi Cruz bueno y del Jordi Cruz malo. Me tocó ser el bueno porque todo aquello había surgido de un enfado masivo contra el cocinero, y yo solo pasaba por allí llamándome como me llamo. También es cierto que su papel en *Masterchef* siempre ha sido el de malote... Aquello me sirvió para que la gente volviera a saber de mí después de muchos años. Me subieron los seguidores y comencé a ser más activo en Twitter.

Jordi Cruz Mas y yo nos conocemos desde antes de que él fuera famoso por su trabajo en la tele. Hace tiempo, el Ministerio de Agricultura, Pesca y Alimentación hizo una campaña para fomentar el consumo de pescado entre los peques: «Tres acciones en un mismo día». Una chica hablaba de las artes de pesca, Jordi Cruz Mas explicaba cómo cocinarlo, y yo remataba con una manualidad para que la experiencia fuera más divertida y completa. Era como un cofre del tesoro donde había unos cubiertos, luego se hacía una boya, etc. Intentaban que comer pescado fuera agradable, aunque entiendo que los niños, con tanta espina y escama, piensen que no es lo mejor del mundo. Era una acción para diferentes colegios, pero se presentó en Vigo con toda la prensa.

Cuando llegamos al colegio donde teníamos que cocinar, descubrimos que habían puesto unas figuras de cartón piedra, en tamaño natural, donde se reproducía el cuerpo de Jordi Cruz, el cocinero, pero con mi cabeza. El diseñador gráfico de la campaña pensó que yo también cocinaría y, al no tener fotos mías como cocinero, utilizó las que le habían pasado del otro Jordi Cruz. Vamos, un malentendido. No sé cómo confundió —y fundió— imágenes de los dos, de modo que salió un divertido híbrido: el monstruo de los Jordis Cruz. Nos lo tomamos a risa, no hubo conflicto. El problema es que los niños querían cocinar con el de *Art Attack*, no con el cocinero. Hoy sería al revés.

Las continuas confusiones entre los dos Jordis no es lo más surrealista que me ha pasado en Twitter. Lo más siniestro fue cuando viví mi propia muerte. Al menos en internet.

Salíamos de un taller de manualidades. En el bus, abrí Twitter por pasar el rato y de repente tenía mogollón de notificaciones, comentarios, gente nueva siguiéndome... En aquella época había personas a las que les gustaba difundir bulos sobre la muerte de gente conocida. Se inventaron que había muerto en un accidente de tráfico (ni siquiera tengo carnet de conducir y creo que nunca me lo sacaré). El bulo prendió porque en Google podía encontrarse la noticia de un presentador de *Art Attack* fallecido, el mexicano Rui, de modo que con una búsqueda rápida y poco atenta, de esas en que no abres ni lees la noticia o en las que solo te fijas en el titular, podías confirmarlo. Fue impactante, pero me lo tomé con humor, sobre todo al principio. Al leer tantos mensajes de condolencia, se me encogió el estómago y entendí que, cuando muriese, sería algo así (si alguien se acordaba de mí). Todo el mundo se ha preguntado alguna vez cómo se recibirá su muerte en sociedad. Pues pude verlo.

«Ha muerto mi infancia», escribía uno.

«¡No estoy muerto! Bueno, solo un poco, pero del calor que hace», tuiteé yo.

La reacción fue instantánea. El buzón se llenó de mensajes. Continúo sin entender cómo conseguí todos aquellos nuevos followers. ¿Quién sigue a alguien que acaba de morir? Haberlos, haylos.

27

«La mejor variedad musical»

Mi primera etapa en Cadena 100 podría titularla «Vida frenética». Pasaba la semana en Barcelona, trabajando en la empresa familiar, y el viernes me iba a Madrid, donde me ponían un hotel. Hacía el programa de cuatro a ocho de la tarde, y las mañanas de los sábados y los domingos. Así estuve de enero a junio. Tuve la suerte de conseguir a una persona que recogía a Tokio y lo cuidaba el fin de semana. Los domingos por la tarde nos reencontrábamos en casa. Era el momento de relax total: yo había estado trabajando sin parar y Tokio pasaba el fin de semana corriendo por ahí, de modo que estábamos exhaustos. Qué tranquilidad.

El programa se llamaba *La mejor variedad musical. 45 minutos de música sin interrupción*. O casi. Cada tres canciones, teníamos que presentar la siguiente. Todo muy programado. ¿Cómo funciona la radiofórmula? Antiguamente, cuando no había ordenadores, se utilizaba un sistema basado en fundas de colores: cuatro discos en fundas rojas, nueve en azules, doce en amarillas y quince en verdes; sumaban cuarenta. Los colores se asignaban según la importancia de los discos, es decir, teniendo en cuenta la frecuencia para pincharlos. Era la pócima de la radiofórmula: se ponía una canción de cada color. Como había menos discos rojos que amarillos o verdes, las de los primeros colores sonaban más. Y eso es muy importante para que una canción cale entre el público y se popularice. Los colores se decidían en las emisoras basándose en las novedades que presentaban las discográficas, que, claro, siempre quieren que sus temas se escuchen con la máxima frecuencia. Iban cambiando de color. Si habían sonado mucho, con el tiempo se pinchaban menos; otras se ponían de moda y subían en el *ranking*.

Cuando empecé a hacer radio en aquella pequeña emisora local de Sants-Montjuïc, Barcelona, el que fue mi mentor, Joan Barutel, me llevó de ronda por las discográficas. El jefe de producto nos daba un montón de CD. Recuerdo cuando llegamos a EMI y nos enseñaron el primer videoclip de No Doubt, la canción «Don't Speak». Nos aseguraron que iba a ser un éxito. Funcionaba así, sin YouTube o Spotify, con viajes físicos y relación entre las personas. En la radio también han cambiado mucho las cosas: ahora hay consultores que deciden cuál es tu público y qué música le gusta. Las canciones elegidas se testan con personas reales que representan a tu *target*. De esa forma, pueden quedar fuera temas que a ti te parezcan la hostia. No me gusta ese método, pues deja muy poco a la sensibilidad y al olfato de los que hacemos radio. Antes, el dj tenía el papel de prescriptor, pero ahora todo es un poco más mecánico y encorsetado.

En Cadena 100 ya se habían implementado esos cambios. Por lo demás, era genial que me pagaran por estar cuatro horas al día escuchando música, por mucho que algunas canciones, las de los discos rojos, me las supiera de memoria. Me lo cantaba y me lo bailaba todo por los pasillos de la radio. Mi compañera, Mercedes, me miraba desde la mesa y me decía:

—No paras quieto. Todo el rato de un lado a otro con tus inventos.

En aquel momento empezaron a popularizarse las retransmisiones por Periscope, una aplicación móvil que permitía hacer emisiones en directo desde Twitter. Pensé que era una ocasión fantástica. Como siempre en la vida, comencé a hacer cosas sin pedir permiso. La radiofórmula era tan encorsetada que me aburrió, así que me inventé un concurso. Me iba a la tienda Tiger, que tiene cosas chulas y baratas, y compraba los premios del concurso. Claro, no eran muy valiosos, un cojín gracioso, por ejemplo, pero servían para divertirse y dar ritmo al programa. Con Periscope empecé a hacer un directo de quince minutos dentro de las cuatro horas que duraba el programa radiofónico. Comencé a traer invitados, y nadie me decía que no, así que tiraba. Mi sueño era hacer en antena algo que no fuera radiofórmula, un magacín con entrevistas y secciones, y a mi jefe le parecía muy bien...

—Pero online. En antena, «la mejor variedad musical».

Durante esa primera etapa, empecé a dejar caer en Barcelona que las cosas podían cambiar. Volvía a estar en mi salsa, haciendo lo que me gustaba, rodeado de amigos, y de nuevo en mi Madrid. De alguna manera, sabía que la cosas iban a ir por ese camino, más por la radio que por las clínicas Cruz Navarro. En efecto, me dijeron que, después de la experiencia del fin de semana, querían contar más conmigo, que presentase las tardes de Cadena 100 de lunes a viernes.

—Jordi, tienes que conquistar a toda esa gente que vuelve a casa del trabajo.

A esa franja horaria de la radio se la llama *drive time* porque es cuando millones de trabajadores vuelven en coche a casa. Tienen tiempo libre para descomprimir el cerebro, atascos, tráfico denso, etc. Mi misión era esa: conquistar las mentes de todos los oyentes potenciales y atraerlos a Cadena 100. Tuve que hablar con mi padre y decirle que era impepinable el traslado a la capital. Al final, el río siempre se abre su camino. Volvió a contrariarse, y agradezco a mi hermano que me apoyara en aquel enésimo trance. Acepté la oferta de la radio, pero aquella vez no tomé chupitos durante la mudanza.

Nunca había estado en una emisora nacional, en horario de máxima audiencia. Te das cuenta de la cantidad de gente que escucha la radio: te llaman amigos que te dicen que te oyen en el coche, te encuentras con conocidos por la calle y te comentan los programas...

Mucha gente me preguntaba: «¿Cómo has conseguido volver a los medios tras tanto tiempo?». Parecía como si hubiera renacido de las cenizas, pero no siento que fuera así. Siempre he estado ahí, al menos conmigo. No tengo la sensación de haberme ido. He seguido haciendo cosas, pero en diferentes ámbitos. Para ser justos, había pasado años lejos de los grandes medios de comunicación, de la presencia nacional, y no era tan raro que hubiera gente que pensara que había desaparecido.

Es una característica de las profesiones relacionadas con la comunicación o el espectáculo, de los oficios donde la imagen pública juega un papel: la presión por «mantenerse» y no «desaparecer», una amenaza constante y terrible. Proliferan las páginas web que tratan el tema de «qué fue de» las caras conocidas del pasado, a veces con un punto irónico o de juguete roto. Nos da la sensación de que quien ya no aparece en los medios es una especie de fracasado, cuando en realidad mucha gente se aparta voluntariamente: pasó su ciclo, elige tomar otro rumbo, hace algo diferente o sigue en los medios, pero lejos de las cámaras o los micrófonos, con otras tareas igual de importantes o más. Pienso por ejemplo en Emilio Aragón, que tenía una presencia mediática muy fuerte en mi juventud. Estuvo muchos años sin aparecer en la tele. Aunque el público no lo viera en pantalla, ha seguido siendo, en la sombra, una figura muy importante: productor, músico, empresario... Hace poco ha vuelto a aparecer en un programa.

En Cadena 100 conseguí que me pusieran una productora, Raquel Castejón, una tía fantástica y muy auténtica, para que me ayudara con el programa diario. Además, pudimos subirnos a la ola de Facebook Live que estaba arrasando en España. Hice un marco de Cadena 100 para ponerlo en la pantalla del PC del estudio. Lo imprimí en cartón pluma. Me recordó al niño de hace mil años que montaba cosas por su cuenta en su habitación. No sé si está bien o mal, pero iba haciendo las cosas sin avisar a nadie. Mejor pedir perdón que permiso, como suele decirse. Raquel me grababa y yo hacía el *show*. Lo bonito es cómo se implicaban los compañeros. Un día se acercó un técnico de la Cope y me dijo:

—Oye, tío, no puede salir así, sin iluminación.

Había puesto un pequeño foco encima de una percha, pero la luz era deficiente. Al día siguiente montaron en el estudio dos focos como Dios manda, con sus difuminadores, para que saliese bien en pantalla. Luego otro venía y me decía que cambiase el cable de audio para que estuviese mejor. Me parecía muy bonito que la gente quisiera poner su granito de arena para que todo saliese adelante. Hay muy buenos profesionales en el sector técnico de los medios de comunicación, siempre dispuestos a ayudar. Los jefes flipaban de lo que iba montando en el estudio, incluso a veces venían a ver cómo lo hacía. Aquella aventura digital la bautizamos como *La mejor variedad musical en directo*, y fue como un universo aparte de la radio.

Aunque no me dieron muchas facilidades para hacer la parte online, al final todo lo digital había venido para quedarse: era el futuro al que no podíamos resistirnos. Si nos fijamos, los medios cada vez son más parecidos, ya sean televisiones, radios o prensa: todos tienen páginas webs en las que mezclan vídeos, audios, textos, etc. Se van homogeneizando online, en lo multimedia. Creo que llegará el momento en que no será fácil distinguir la naturaleza de un medio —impreso o audiovisual— al ver su web o redes sociales. En nuestro caso, la cadena, aun siendo una radio, llegó a montar un plató con cámaras, control de realización y un gran montaje para hacer contenido en internet. Me preguntaron qué me apetecía, y pedí un formato diario con entrevistas y demás.

Así creamos *Afterwork*, un programa que estuvo en Cadena 100 un año. Empezamos en septiembre de 2019 con media hora o cuarenta minutos diarios. Por él pasaron artistas nacionales e internacionales, como Ricky Martin o Gloria Estefan. Eran entrevistas muy divertidas durante las que hacíamos juegos, y me reencontré con algo que me gustaba mucho: tener un equipo de gente y crear dinámicas de trabajo. Carol, Ana, Dani, Fran, Sergio, Sara y quien quisiera sumarse al carro. Mi programa de radio empezaba en directo a las cinco de la tarde y duraba hasta las ocho. Antes tenía que grabar *Afterwork* para no solaparme. Pasaba diez horas al día en la radio. Aproveché para aprender a usar programas de edición de imagen o vídeo, como Photoshop o Premiere, así que no hay mal que por bien no venga.

Supongo que al principio pensarían que era un listillo, que quería trabajar más y quedar bien con los de arriba, pero si no apuraba no me daba tiempo a todo. No era por gusto o aparentar. Me encantaba hacer el programa, la audiencia subía a diario y los invitados se lo pasaban de lujo y hablaban muy bien del programa, de modo que cada vez había más artistas que querían venir. Muchos habían crecido con *Art Attack*, y les resultaba familiar porque habían hecho mis manualidades de peques. *Afterwork* fue una de las experiencias más bonitas que he vivido: era como un juguete con el que podía disfrutar a placer. Todo parecía ir sobre ruedas. No sabíamos la que se nos venía encima.

28

Resistiré

El coronavirus, como ya había pasado con el SARS, la gripe A o el ébola, era una amenaza lejana que parecía que no nos iba a tocar. Llegó mientras todo el mundo estaba a sus cosas. Recuerdo que volvíamos de comer y vimos a unos compañeros recogiendo las mesas. La dirección acababa de comunicar el cese de toda actividad presencial. Todos a casa. No sabíamos más. Ese viernes 13 de marzo de 2020, el presidente Pedro Sánchez apareció en televisión y anunció el estado de alarma. Una vez más, estábamos presenciando un momento histórico, una de esas imágenes que unen a toda la población a un lado de la pantalla y encogen el corazón.

Las calles se quedaron vacías, el miedo y la ansiedad crecieron en los hogares. Solo se podía salir, con mucho cuidado, a hacer la compra con mascarilla y guantes, temiendo estar demasiado cerca del vecino y contagiarse. En los primeros momentos, como observó mucha gente, parecía una película distópica, un episodio de las series *Black Mirror* o *Years and Years*.

Con el confinamiento, muchos empezaron a teletrabajar desde sus hogares... A otros, por desgracia, no les quedó más que esperar a que la situación mejorara. En la emisora se reorganizó la labor de la plantilla y a mí me tocó ir a trabajar presencialmente en mi horario habitual. Al principio no me hizo mucha gracia. La idea de salir todos los días y enfrentarte a un virus del que poco se sabía era complicado.

Luego pensé en los sanitarios, repartidores, farmacéuticos, cajeros de supermercados, transportistas y en muchos de los que trabajaban en primera línea. Ojalá nunca olvidemos a esas personas que salvaron tantas vidas.

Iba a la radio con cuatro juegos de guantes: uno para el trayecto hasta el autobús que cogía en Embajadores, otro para el viaje, un tercero para llegar a la radio, cerca de Retiro, y el último para estar allí. Las mascarillas escaseaban y eran carísimas. La gran confusión sobre las formas de contraer la enfermedad y las noticias cada vez más alarmantes me quitaban el sueño.

El miedo me jugaba mala pasadas. La pesadilla era siempre la misma: me veía cogiendo un taxi con destino a Ifema, donde se había montado un hospital de campaña para tratar a grandes grupos de población. Me daba pavor acabar solo en una de esas camillas. No formaba parte de un grupo de riesgo, pero no quería contagiarme.

En la emisora hicimos un gran trabajo en equipo, cuidábamos los unos de los otros. Nati, la responsable de seguridad, estuvo con nosotros al pie del cañón e hizo una gran labor para protegernos. No estaba sola: el equipo de seguridad y el de limpieza también fueron nuestros salvadores. Cada día venían a limpiar los espacios que ocupábamos, exponiéndose más que cualquier otro. Recuerdo los pasillos y las oficinas vacías, saludos a distancia con los compañeros y la sensación de estar viviendo una película de ciencia ficción.

Soy de los que intentan coger la gran bola de mierda que a veces es la vida y verle la parte positiva, aunque sin ñoñerías. Durante el confinamiento —y sé que le ha pasado a muchas personas— tuve un contacto más intenso con las personas que me importan, en concreto con mi padre. Por lo general, hablábamos cuando nos veíamos en persona, pero si estábamos lejos las llamadas eran un poco administrativas, por cumplir el expediente paternofilial, sin mucha profundidad. Durante el confinamiento me puse en su lugar. Los primeros días, el tema principal fue el doméstico. Mi padre tenía dotes para la cocina —le había cogido gusto ya talludito, con la explosión de los cocineros estrella en España—, así que la alimentación estaba resuelta. Lo de limpiar era más complicado. La chica que le ayudaba estaba confinada, así que tuvo enfrentarse solo. Recuerdo una tarde entera mirando en la web de MediaMarkt aspiradora por aspiradora, modelo por modelo, sopesando pros y contras, vatios, resistencia, consumo, con esa minuciosidad que él le ponía a todo.

Hablábamos a diario. La comunicación era fluida, siempre salían temas nuevos, como la pandemia y los pequeños detalles que íbamos comentando los ciudadanos, las novedades en cuanto a prevención, las broncas políticas, las tragedias en los hospitales, la situación internacional, etc. Mi padre pertenecía al mundo sanitario, así que le preguntaba cómo evitar el virus. Aquello le hacía sentir útil e implicado. Muchas veces se repetía en sus consejos, pero yo hacía como si fuera la primera vez que los escuchaba.

—Gracias, papá. Menos mal que te tengo para ayudarme —le decía.

Como trabajaba fuera de casa, podía contarle cómo era la vida en el exterior, cuál era el ambiente en las calles, qué ocurría en la vida de los que estábamos fuera. Eso era bueno.

Cuando pasaron las primeras semanas, vimos que iba para largo y decidimos recuperar *Afterwork*. Todo el equipo estaba en casa menos yo, así que para grabarlo tiramos del «Juan Palomo, yo me lo guiso, yo me lo como». Le daba al botón de grabar en la sala de realización, corría por los pasillos hasta llegar al estudio, lo soltaba todo delante de la cámara y mismo pasillo de vuelta para darle al *stop*. Pasamos a hacer las entrevistas por Zoom. La de cantantes que llegué a entrevistar desde el baño de mi casa —el único lugar con una luz aceptable—. Le mandaba todo el material al montador, Dani, y él lo editaba hasta tener el programa listo para emitir. Carol se ocupaba de las gestiones de producción y de las publicaciones online desde su habitación. Nos costó un poco cambiar de dinámica, pero conseguimos sacarlo adelante.

El día que se decretó el estado de alarma, me quedé adormilado en casa. Al despertar, en la tele ponían un concierto de Coldplay en Río de Janeiro. Sonaba «Viva la Vida», y pensé que era una canción con mucha fuerza. En Italia ya llevaban días de confinamiento y la población había tomado la costumbre de salir al balcón a aplaudir a los profesionales de la sanidad. Era una práctica muy bonita y esperanzadora. Vi que el tema podría servir para acompañar ese momento, pero luego me di cuenta de que si la enfermedad estaba golpeando en especial a la gente mayor, sería mejor elegir una canción de otra época, como el «Resistiré», cuya letra venía muy a cuento para soportar los rigores y tragedias que traía el virus. No fue la idea del siglo —es una canción muy conocida—, pero decidí compartirla con mis jefes y no dejarla en mi cabeza. Envié un mail contando que estaría guay instituirla para dar ánimos a la población. Si funcionaba, podría hacerse una versión con artistas actuales. Los jefes lo vieron claro y ese mismo día, sábado 14 de marzo, a las doce del mediodía, en Cadena 100 se emitió el tema original del Dúo Dinámico.

La iniciativa tuvo muchísimo éxito. A los pocos días, la población la hizo suya y a las ocho de la tarde la gente empezó a ponerla en los balcones. Creo que el éxito se debió a que mis jefes no le dieron demasiadas vueltas: se dejaron llevar por la emoción del momento. A las pocas semanas se grabó la versión actualizada con diferentes artistas que tocaban desde casa. En aquel momento todo se hacía por videoconferencia y salieron cosas muy bonitas. El vídeo tenía que estrenarse a las diez de la mañana, pero un artista que estaba fuera de España con otro horario —no sé si Rosana o Antonio Orozco— se confundió y mandó una versión casi definitiva a alguien antes de tiempo. Y ese alguien a otro alguien, y ese otro alguien a alguien más... Hasta que me llamó mi prima de Palma a las ocho de la mañana, dos horas antes del estreno.

—Oye, Jordi, ¿ese vídeo tan guay lo has hecho tú?

El vídeo era muy fuerte. Tenía tal onda expansiva, sobre todo en aquellos días difíciles, que fue imposible frenarlo. Todavía me emociono al recordarlo: cuando formas parte de algo tan espontáneo y grupal, algo que llega a tanta gente por los mensajes individuales, algo que se extiende como el propio virus, provoca una sensación vertiginosa. La gente ponía Cadena 100 a las ocho de la tarde para escuchar el «Resistiré», y yo lo presentaba.

Siempre recordaré que, dos minutos antes de estrenar la nueva versión de la canción, me di cuenta de que la que tenía preparada era la original del Dúo Dinámico, y tuve que cambiarla corriendo. Menos mal que me di cuenta: me imagino haciendo toda la presentación rimbombante sobre la nueva producción para los tiempos duros que estábamos viviendo, con toda la emoción, y pinchar al final la versión clásica. Hubiera sido un buen chasco. Creo que hubiera dicho que había puesto la original para compararla con la segunda, o algo así, para salir del paso, pero afortunadamente no hizo falta. Toda España estaba en casa con la radio sintonizada en Cadena 100. Fue impactante abrir las ventanas del estudio y escuchar la canción en los edificios de alrededor. Algunos días, cuando no me tocaba ir al estudio, salía a pasear a los perros por la tarde —aquellas semanas, tener un can era una ventaja—, daban las ocho, oía el «Resistiré» en los hogares y me sentía muy satisfecho. Tanto sonó la canción que llegó un momento de hartura generalizada, hasta yo mismo me harté: ¡habíamos creado un monstruo!

Eso sí, cuando dejamos de pincharla, porque todo tiene que llegar a su fin, recibimos un montón de llamadas de los oyentes diciendo que no podía ser. En muchos hogares se había convertido en una celebración familiar, en un hito para hacer más llevaderos los monótonos días. Pero tenía que acabar y lo hizo.

También concluyó mi periplo en esa emisora. Aun llevando el programa de radio, inventando el programa online en vídeo e ideando lo del «Resistiré», llegó el mes de junio y se decidió que ya no encajaba en el proyecto. Me llamó mi jefe a su despacho. Era un lunes.

—Jordi, ha estado bien probar contigo, pero creemos que al final no ha funcionado.

Nunca me lo hubiera imaginado, después de casi tres años en la casa. No estaba de acuerdo con eso de que «no se habían conseguido los objetivos marcados». Pensaba que había hecho bastantes méritos, pero, bueno, no entré a discutir. Con el tiempo he aprendido que estas cosas pasan, que a veces las relaciones con las empresas, igual que sucede con las personas, no acaban de funcionar, por mucho que se esfuercen ambas partes. No hay que tomárselo a pecho. Lo único que me dio pena es que mis últimos días fueran durante la pandemia, sin la posibilidad de estar con mis compañeros ni de despedirme de ellos. La última canción que puse en Cadena 100 fue de Alaska y Dinarama, «A quién le importa». En ese momento no sabía que me iban a despedir.

29

Top Gamers Academy y *¿Sigues ahí?*

En ese último año de Cadena 100, antes de que llegara el coronavirus, recibí una llamada que lo cambiaría todo de nuevo. En *Afterwork* dábamos una amplia cobertura a *Operación Triunfo*: entrevistas a los expulsados, el repaso de las galas... Había muy buena conexión, hasta mi jefe era jurado de *OT*. El programa lo producía Gestmusic y manteníamos una relación muy buena. Un día, mientras leía noticias curiosas para contar en antena, me llamaron. Contesté pensando que era para gestionar a algún invitado o contenido. Pero no. Al otro lado esta Núria Fonollà, directora de programas de la productora.

—Tenemos un proyecto y queremos contártelo a ver si te interesa.

Me levanté de un salto y me fui al pasillo, lejos de la zona de trabajo.

—Sí, sí, claro. Cuéntame —contesté al momento.

Era un formato que se iba a llamar *Top Gamers Academy*, tipo *talent show* centrado en los videojuegos. Ya me sonaba: en verano vi un tuit de Tinet Rubira en el que contaba que estaban preparando un programa de gamers. Contesté diciendo que no sabía mucho de videojuegos, pero que, si necesitaban presentador, contaran conmigo. A veces hay que lanzar botellas al mar, porque nunca sabes adónde van a llegar. Tinet lo leyó y, con el programa en marcha, querían hablar de ello. Nunca sabes lo que va a pasar...

Con la llamada de Gestmusic llegó otro momento de clandestinidad, de no contar nada en la radio: tenía que ir a Barcelona a una reunión, con la esperanza de que no se enterase nadie. El encuentro se celebró un sábado en las instalaciones de la academia de *OT*. Recuerdo que iba muy nervioso porque no sabía qué me iban a contar.

Mi relación con los videojuegos no era muy intensa. En la época de Cadena 100, durante un viaje que había hecho por Italia, vi por las redes un evento del juego *Fortnite*, la gran sensación. Había un estadio lleno de gente, con iluminación, escenario, escenografía y un tono espectacular, como en un partido de la NBA. De pronto, en mi cabeza se unieron el mundo de los videojuegos con el del espectáculo, los grandes conciertos, las galas de premios... Siempre me habían fascinado. Y ahí conecté, no tanto por el juego, sino por la idea de hacer de la competición, del evento, una forma brutal de entretenimiento de masas. No es necesario jugar al fútbol para disfrutar del *show*, igual que no hacía falta jugar a videojuegos para pasárselo bien en aquel lugar, con miles de personas vibrando con los eSports.

La reunión fue genial. El programa iba a contar con grandes figuras como TheGrefg, ElRubius o Willyrex, entre otros, que llamaban la atención de cientos de chavales y no tan chavales, estrellas mundiales surgidas a pulso de plataformas como YouTube o Twitch. La mecánica era sencilla: se formaban tres equipos, cada uno con su *team manager*, una de estas estrellas. De lunes a viernes, se celebraban torneos y se impartían clases sobre videojuegos o creación de contenido. El sábado habría un gran torneo que puntuaba el doble. Los concursantes con la puntuación más baja serían nominados a abandonar la academia, como en otros programas de ese estilo.

El proyecto me pareció prometedor, y me embarqué en él sin saber que, a las pocas semanas, el mundo se detendría. Al principio pensé que se iba a retrasar, pero al ver la situación del país, perdí la esperanza. Para mi sorpresa, el proyecto salió adelante. Cuando me llamaron para confirmarme las fechas, me sentí muy aliviado. Me acababan de decir adiós en Cadena 100, así que la noticia llegaba en el mejor momento.

En septiembre se celebró el *casting* final de *Top Gamers Academy*. Ahí empezó la aventura. El evento se retransmitió en directo, participaron en él todos los finalistas y eligieron a los participantes del concurso. Era mi primera toma de contacto con el programa y estaba muy emocionado.

El montaje donde se celebraba el *casting* era espectacular, con consolas, instalaciones para jugar a todos los juegos, cámaras, grúas... Yo estaba obnubilado. «Esto vuelve a empezar», me dije. En ese instante de nuevo comienzo recordé a papá, pues sabía, además, que lo estaría viendo por internet. El pobre no estaba pasando por un buen momento. Le habían hecho unas pruebas y los resultados no pintaban bien. La ilusión por aquel nuevo inicio se me mezcló con la preocupación por su salud. Me distraje tanto que tuvieron que devolverme al mundo con un grito por el pinganillo. No tuve esos diez o quince segundos en los que sabes que el programa está a punto de empezar. Entré de golpe, como si me hubieran cogido por un pie para hacerme bajar de las nubes y me hubiesen colocado en el plató. La sensación al empezar a presentar fue de las que te confirman por qué quieres dedicarte a esto, por qué es lo tuyo: notas una plenitud total, una energía que siente todo el mundo a tu alrededor, se crea un estado de comunión total entre todos los que están en el plató. Veía las caras de los concursantes, de los miembros del equipo, y en todas ellas leía: «Esto va a funcionar, esto va a molar».

Una vez elegidos los participantes, se produjo un paréntesis de un mes hasta que comenzó el programa. Durante ese mes perdí a mi padre. Los problemas de salud pudieron con su fuerza, que parecía infinita. El hecho de tener *Top Gamers Academy* en el horizonte me dio fuerzas para seguir.

Dos días antes del estreno celebramos una rueda de prensa en la academia. Cuando entré por esas puertas casi tuve otro latido fuera de sitio. Era un sueño hecho realidad. El trabajo del equipo de arte y decorados había sido sensacional. Por primera vez, vi todas las estancias: salas de streaming, terraza, habitaciones, comedor... Todo nuevo. Las precauciones sanitarias habían modificado el diseño inicial. En lugar de tener un plató con público donde celebrar los torneos, se creó una zona en la academia para la competición, con unas gradas llenas de ordenadores que imponían al verlas.

El programa se estrenó el domingo 4 de octubre de 2020. Tanto para Anuk, la directora de la academia, como para mí, era la primera vez. El equipo que nos rodeaba estaba curtido en el *talent show*. En esas horas previas miraba todo lo que ocurría a mi alrededor y no me lo podía creer. Minutos antes de empezar entré en un pasillo donde esperaban los participantes con Noemí Galera y Pablo Wessling, los encargados del *casting*. Los miré y les dije:

—Estáis aquí porque os merecéis la oportunidad. Sois geniales, y en nada todo el mundo lo comprobará. Solo os pido un favor. Disfrutad de esta noche. ¡Mucha suerte a todos y a todas!

Al instante, los gritos lo inundaron todo. Aquel discurso motivador les puso las pilas.

La primera gala fue como la seda. Cuando acabó, llegué al hotel con la energía del directo corriendo por mis venas. Esa noche tardé mucho en dormirme.

Me pasaba el día enganchado a lo que pasaba en el *reality*, más allá de las galas que presentaba. Era como Mercedes Milá en *Gran Hermano*. Llegaba a casa del plató y me conectaba a internet para ver cómo evolucionaba: me metí a tope en el relato del programa, y participé por las redes sociales en los debates y polémicas que iban surgiendo entre los equipos y participantes. Me di cuenta de que mi papel no era tanto generar entretenimiento, sino dejar esa tarea a los creadores de contenido y a los participantes. Solo tenía que canalizar su energía, hacer que todo fluyera. Me quité un gran peso de encima. Fue un gran aprendizaje profesional. Y solo tenía que llevar la batuta.

Las galas eran delirantes. Los *team managers* y los *team owners* debían tomar decisiones que marcarían el destino de los participantes. Esas reuniones a puerta cerrada eran explosivas. Todos eran jugadores con mentalidad ganadora y ninguno quería perder.

Recuerdo los momentos difíciles con mucho cariño, como cuando tenía a dos participantes en la cuerda floja y sabía que uno no iba a seguir en el programa. No paraba de animarlos y de decirles que los esperaban grandes cosas fuera. Les cogí un cariño muy especial y empaticé mucho con ellos. Cuando salían, ya les podías contar cosas del exterior o hablar sin un micro grabándolo todo. Ya estaban al otro lado.

Fueron pasando las semanas y creamos una pequeña familia en esa nave industrial reformada en academia de gamers. Había dos mundos: el de dentro y el de fuera. Del primero me llevé a unos participantes que lo dieron todo, fueron muy generosos con el programa. Sabían que todo era nuevo, así que asumían con deportividad que alguna vez metíamos la pata, sobre todo con los marcadores de los torneos. Espero que la vida convierta en realidad todos sus sueños.

Del mundo de fuera guardo una gran experiencia profesional. Anuk, como directora, era la mejor, pero como compañera la considero excelente. Luego estaban Nuria, Jose, Patricia, Belén, Tinet, Emili y una larga lista de compañeros con los que espero trabajar de nuevo. Hacía mucho tiempo que no me sentía tan bien rodeado, todos remando en la misma dirección.

Al acabar *Top Gamers Academy* me ofrecieron la oportunidad de hacer un pódcast para Netflix con la gran Samantha Hudson, una maravillosa persona, una artista muy inteligente que había generado mucho ruido en las redes con sus canciones y vídeos, en los que hablaba del día a día con una naturalidad explosiva. Su canción «Maricón», que compuso a los quince años como un trabajo de clase en el instituto, fue muy perseguida por la Iglesia católica, y su caso llegó a los medios de Mallorca. Por entonces me quedé con la anécdota, sin profundizar en el personaje, pero cuando me ofrecieron el proyecto me puse a investigar y Samantha me fascinó aún más.

Concertamos una videollamada para conocernos y al momento hicimos *match*. Tiene un discurso valiente y muy claro. Su superpoder es la forma en que sintetiza las ideas para que te lleguen. Ahora existen más referentes que cuando yo era un chaval, más historias de éxitos y fracasos, y los discursos han cambiado. Antes, esa información nos llegaba a cuentagotas. Es el camino para llegar a una sociedad diversa, empática, compasiva, aunque, por desgracia, hay fuertes reacciones a este intento.

Estemos de acuerdo o no, tenemos que escuchar sin prejuicios lo que dicen las nuevas generaciones, pues ellos entienden las cosas de otra manera. Es ley de vida: llegan y quieren un mundo mejor. Somos nosotros, los de mi quinta, los que debemos movernos. Ellos quieren decidir cómo será el futuro, igual que nosotros intentamos hacerlo en nuestro momento.

Creo que, en mi profesión, hay tres ingredientes clave para el éxito laboral: el respeto, la escucha y tener claro que el trabajo no lo es todo en la vida. Esta mezcla ha hecho que el tándem entre Samantha y yo —ella con veintipocos años y yo con cuarenta y cinco, de generaciones muy diferentes— funcione de maravilla. En el pódcast *¿Sigues ahí?*, de una hora de duración, hablamos de diferentes temas —el poder de las historias, la muerte, los problemas de identidad, la salud mental, la sexualidad, los dilemas generacionales—, traemos invitados, improvisamos...

Todo dirigido por nuestra querida Karen de Winscosin (la persona de Netflix responsable del proyecto). Estamos muy contentos porque tenemos bastante *feedback* positivo y conectamos con mucho público. Y de paso, es mi forma de seguir calmando mi mono de radio.

30

El adiós de mi padre

Todos recordamos el día que se levantó el confinamiento y pudimos reencontrarnos con nuestros seres queridos. Viajé a Barcelona a darle un abrazo a mi padre: fue especial, muy sincero, muy emotivo, de verdad, no de los que se dan por costumbre. Eso sí, apartamos la cabeza para evitar contagios, pero fue un abrazo.

Fuimos a comer a un restaurante de los que le gustaban. Lo noté un poco bajo de forma por haber estado encerrado: decía que le dolía la pierna y no se movía con agilidad. Le conté lo de la radio y le vi preocupado.

—No te preocupes, papá. Tengo *Top Gamers Academy* a la vuelta de la esquina. Además, he aprendido mucho y lo he pasado muy bien. Así que ahora a otra cosa.

Quince días después íbamos a ir a Port Aventura, en Tarragona, y yo me adelanté para estar unos días con mis amigos de aquella ciudad, durante uno de esos necesarios encuentros posconfinamiento. Allí recibí una llamada de mi padre:

—Jordi, oye, me voy a meter en el hospital porque me tienen que hacer unas pruebas. No me encuentro del todo bien.

Si bien la COVID había sido mi principal preocupación los últimos meses, en ese momento se presentaba una prueba que tenía mala pinta: mi intuición fue que mi padre no iba a salir de esa. Aunque lo mismo había pensado en la anterior prueba, la del cáncer, y mi padre salió bien parado. Nunca se sabe. Tenía setenta y tres años y había decidido vivir la vida sin restricciones, hasta que aguantase, más allá de las recomendaciones de los médicos, a pesar de los infartos y el *bypass*.

—La vida no me va a mandar a mí —solía decir.

Dependiendo de la prueba, lo operarían o no. Los resultados indicaron que había que intervenirle, y que la operación era complicada. Primero mi padre decidió no operarse, pero pronto se dio cuenta de que tenía que poner en orden sus cosas, sus papeles, toda su vida, y decidió enfrentarse a esa difícil intervención... Sin embargo, lo decidió un mes después de lo que le recomendaron los médicos. Siempre al límite.

Fue un agosto de preocupaciones y conversaciones sinceras con mi padre, poniéndonos en todos los casos posibles, también en los peores. La imaginación volvía a jugarme malas pasadas. Mentalmente, reproducía con detalle la ausencia de mi padre y la sensación de desprotección que aquello me generaría. Mi padre era el que siempre estaba ahí, en cualquier momento, al otro lado del teléfono, dispuesto a presentarse donde fuese, a hacer lo necesario y a pelearse con quien hiciera falta para proteger a los suyos. Siempre noté esa energía protectora.

Se acercaba el día. Viajé a Barcelona para estar con él. Durante el fin de semana, mi padre había programado diferentes comidas y cenas con sus amigos. Querían desearle suerte en la operación, aunque él se tomaba aquellos encuentros como una probable despedida. Así lo sentía. Era una situación muy rara.

El lunes ingresó. El martes lo operaron. Y salió bien. El médico dijo que todo era correcto, que estaba fuera de peligro. Un éxito. Mi padre pasó el día en la uci, con sus trescientos mil tubos, y me preguntaba qué le habían enchufado —siempre controlándolo todo—. Yo le iba describiendo el aparataje y sacando fotos con el móvil para que lo viera. Al día siguiente, lo pasaron a planta. Me pareció un poco extraño que, después de una operación de corazón tan complicada, solo estuviera veinticuatro horas en la uci, pero qué iba a saber yo. Me fie.

Cuando llegué al hospital, encontré a mi padre con su socio, Jordi, hablando de sus cosas. Cuando este se fue, me quedé con él. Entablamos una conversación distendida y vimos un culebrón de esos que echan por la tele en la sobremesa. Quién me iba a decir a mí que me iba a enterar en aquel trance, a aquellas alturas, de que mi padre era seguidor de *Mercado central*.

—Sube, sube la tele, que esta está muy bien. Esta la veo.

Y así pasamos la tarde, arrullados por la televisión. Todo bien. De pronto, empezó a encontrarse un poco mal, incómodo. Empezó a moverse mucho. Cuando acabó *Mercado central*, comenzó el ciclismo, que nos siguió amodorrando. En ese momento ya se encontraba realmente mal. Me asustó porque se apretaba el pecho con la mano temblorosa. Entonces me entró todo el miedo del mundo. Pulsé todos los botones que encontré para que viniera alguien e hiciera algo. Salí al pasillo a gritar. Como en las películas.

En aquellos últimos momentos frenéticos, mi padre, antes de que llegasen los médicos, me agarró fuerte de los brazos y me dijo:

—Me voy, Jordi, me voy.

Le miré a los ojos y lo cogí con fuerza:

—Tranquilo, papá, tranquilo. Estoy aquí, contigo.

De pronto aparecieron diez personas. Carritos y aparatos por todas partes. Me hicieron a un lado. Me echaron de la habitación. Me quedé fuera. No sabía qué pasaba. En los pasillos, en las otras habitaciones, se hizo un silencio sepulcral.

Todo ocurrió muy rápido. Una enfermera, fuera, me abrazó de repente.

—Sé quién eres —me dijo—, sé quién es tu padre. Está muy orgulloso de ti. Siempre habla de ti. Todo va a salir bien.

De repente se formó otro revuelo. Las diez personas. Sacaron a mi padre de la habitación. Lo llevaron a la uci. Había tenido otro ataque al corazón. Llamé a mi hermano, a su socio, a todo el mundo, y vinieron como un enjambre. Tuvimos que esperar veinticuatro horas para saber si el infarto había tenido repercusiones o había afectado a otros órganos. Fue muy duro.

Estaba convencido de que despertaría, que una vez más podía driblar a la muerte. No fue así. Aquel último ataque resultó más dañino de lo que se podía esperar. No se podía hacer nada. Era el 7 de septiembre de 2020. Arropado por toda su familia y amigos, le dijimos adiós.

Así terminan las cosas. Y la vida sigue, pero tú te quedas en pausa.

Epílogo

Cuando falleció Adolfo Marsillach, uno de los nombres más brillantes en el mundo de las artes de nuestro país, los medios de comunicación acudieron a la puerta del tanatorio a recoger las impresiones de sus compañeros de profesión. Allí comparecieron, según vi en la tele, los rostros más reconocidos de nuestro cine y teatro. Creo que fue José Sacristán quien dijo algo que se me quedó grabado. Cuando le preguntaron cómo se encontraba tras la pérdida de su compañero, el veterano actor contestó algo así:

—Ojalá poder parar la vida unos días para poder recuperarme de este golpe. Pero la vida no para por nadie.

Tenía toda la razón del mundo.

Lo que digo ahora seguro que suena un poco raro, pero no dejo de pensar que tuve la suerte —si se le puede llamar así—, de contar con la posibilidad de prepararme para las despedidas más grandes de mi vida. Tanto la enfermedad de mi madre como la operación de mi padre eran de alto riesgo. Y ser optimista no evita el realismo: también supe ponerme en lo peor. Siempre he pensado que quizá no hubiera reaccionado igual si su tránsito al otro mundo hubiese sido repentino, sin avisar.

Con los años he descubierto que me recupero rápido de los

golpes. Asumo la realidad con disciplina, con una frialdad que, en ocasiones, me da miedo. También he aprendido que, en la vida, cada segundo cuenta, e intento invertir toda la energía en estar cada día mejor que el día anterior. Afrontar el dolor cara a cara y reconocerlo me sirve para saber que siempre estará ahí, en algún lugar dentro de mí, y que yo controlo cuándo, cómo y cuánto me afecta. Huir no tiene sentido.

Este último año ha sido una retahíla interminable de papeleo, cajas de mudanzas, herencias y más papeleo aún. Menos mal que profesionalmente no me puedo quejar. Entre los gamers y el pódcast he estado entretenido. Un día me llamó Carlos, un periodista que quería entrevistarme para la revista *ICON*, de *El País*, y conversar sobre la nostalgia televisiva, de cómo viví esos años de fama y de qué he hecho para no perder la cabeza y mantener intacto eso que llaman «imagen pública».

Fuimos al estudio de mi amigo Deme, en Lavapiés. Hicimos primero las fotos porque el fotógrafo tenía prisa, y me quedé con Carlos charlando en unos sofás. Pulsó el *rec* en la grabadora y empezó a disparar preguntas. Hablamos de todo un poco. De cómo fue ser chico Disney. De cuáles eran mis referentes en la tele. La entrevista desembocó en una conversación muy agradable sobre esos años y la importancia de tener la cabeza preparada para no volverte loco por la fama y todo lo que la rodea. Al terminar, recogimos y, justo antes de salir del estudio, me preguntó por mis próximos proyectos.

Le conté que estaba a tope con Samantha Hudson y el pódcast *¿Sigues ahí?* y que tenía una propuesta para sacar un libro contando mi historia, pero que aún no había aceptado.

—¿Y cuál es el problema? —me preguntó.

—¿Problema? ¿En singular? Deberías decir «problemas» —respondí—. No soy escritor —le dije.

Le conté que no creía que fuera a salir algo mínimamente

decente. Pero lo más importante: ¿a quién le podía interesar mi historia? Su respuesta fue de lo más reveladora.

—No pienses eso. Seguro que habrá muchos que la quieran leer. Pero eso no es tan importante. Míralo de otra forma: te dan la oportunidad de recordar tus últimos cuarenta y cinco años de vida y que queden escritos para toda la eternidad. Aprovéchala.

Y eso hice.

Escribir este libro ha sido la mejor medicina. Recordar todo lo que había olvidado me ha regalado años. Seguiré aplicando lo de «Mejor no te lo creas». Esta aventura literaria será una historia más que contar. ¿Recuerdas cuando saqué un libro?

Me voy despidiendo. Quiero dar las gracias a todas y todos los que me han acompañado en este viaje.

En especial a ti. Gracias por leer mi historia.

Te deseo mucha vida.

Agradecimientos

Escribir un libro no es tarea fácil, sobre todo si es la primera vez que lo haces. Por suerte he estado muy bien arropado. Gracias a todo el equipo de Penguin Random House por estar a mi lado. En especial a Cristina. Todo este proyecto no hubiera sido el mismo sin ti. Gracias por creer que detrás de este soñador había una historia que contar. Ya formas parte del club de llamadas que me cambiaron la vida.

Cuando te pones a hacer memoria todos los recuerdos son perfectos. No te quieres dejar ninguno fuera. Pero, claro, esto no es una trilogía. Es un libro. Gracias, Sergio, por escuchar mi historia. Ayudarme a seleccionar las mejores partes, ordenarlas y conseguir que todo tenga algo de sentido. Si es que se puede. He aprendido mucho de ti y recordaré esta experiencia siempre. Ah, y besito a Candela.

La maravillosa portada de este libro es una ilustración de Blanca Fernández y el diseño es de Begoña Berruezo. Muchas gracias por participar y por formar parte de todo esto con vuestro arte.

Mi historia es la que es gracias a todas las personas que han pasado por ella, más o menos rato. En este libro nombro a muchas. Narro nuestras aventuras. Esos momentos que están grabados a fuego en mi memoria. Mientras escribía siempre pensaba: me estaré dejando a alguien importante por nombrar. Pues seguro. Yo soy muy tonto para estas cosas, así que mi último agradecimiento es para esas personas que no he nombrado y que me han hecho ser inmensamente feliz. Os quiero con locura. Disculpad mi torpeza o falta de memoria.

«Para viajar lejos no hay mejor nave que un libro».

EMILY DICKINSON

Gracias por tu lectura de este libro.

En **penguinlibros.club** encontrarás las mejores recomendaciones de lectura.

Únete a nuestra comunidad y viaja con nosotros.

penguinlibros.club